Venciendo
AL
ADVERSARIO

Venciendo AL ADVERSARIO

Mark I. Bubeck

EDITORIAL PORTAVOZ

Título del original: *Overcoming the Adversary*, de Mark I.
Bubeck, © 1984 por Moody Bible Institute y publicado
por Moody Press, Chicago, Illinois.

Edición en castellano: *Venciendo al Adversario,* © 1991
por Editorial Portavoz, filial de Kregel Publications,
Grand Rapids, Michigan 49501 EE.UU.A. Todos los
derechos reservados.

Traducción: Santiago Escuain
Diseño de la portada: Al Hartman

EDITORIAL PORTAVOZ
Kregel Publications
P. O. Box 2607
Grand Rapids, Michigan 49501 EE.UU.A.

ISBN 0-8254-1094-0

5 6 edición/año 03 02

Printed in the United States of America

A los muchos que me han compartido sus batallas personales en la guerra espiritual. Gracias a sus sufrimientos y victorias, me he sentido alentado por el Señor a dedicarme al estudio y esfuerzo necesarios para finalizar este libro.

Contenido

Prefacio

"A Jehová he puesto siempre delante de mí; porque está a mi diestra, no seré conmovido" (Salmo 16:8).

"Echa sobre Jehová tu carga, y él te sustentará" (Salmo 55:22).

"Todo lo puedo en Cristo que me fortalece" (Filipenses 4:13).

Tanto el Antiguo como el Nuevo Testamento nos comunican que hay un lugar seguro, inamovible e inexpugnable de victoria para el pueblo de Dios. Es el plan de Dios que aquellos que pertenecen a Cristo sean siempre capaces de hacer la voluntad de Dios. Ningún enemigo puede interferirse con este plan a no ser que el creyente permita que el enemigo le prive de su posición victoriosa. El propósito de este libro es ayudar a los creyentes a adquirir una práctica de la oración que les capacite para andar en victoria.

El lector verá que en este libro se hace referencia, de vez en cuando, a mi libro *El Adversario. Venciendo al Adversario* es una continuación de *El Adversario.* Fue escrito como respuesta a muchas peticiones de un "manual" adicional, práctico, para guerra espiritual.

El énfasis de este libro es la oración, una disciplina que es a menudo lamentablemente descuidada entre los cristianos evangélicos. Un reportaje ha indicado que incluso "el pastor medio encuestado ora sólo tres minutos cada día".[1] Si esto constituye siquiera una imagen parcial de lo que está sucediendo en la vida de oración de la iglesia, estamos en serios aprietos.

Tenemos que oír hoy este llamamiento de Andrew Murray:

> Una fase muy importante de la oración es la intercesión. ¡Qué obra ha puesto Dios delante de aquellos que son Sus sacerdotes: intercesores! Encontramos una expresión maravillosa en la profecía de Isaías; Dios dice: "que se acojan a mi amparo" (27:5, RVR77), y otra vez, "que se despierte para apoyarse en ti". En otros pasajes Dios se refiere a los intercesores de Israel.

---

1. *Christianity Today*, 6 de abril, 1979, 52.

¿Te has acogido tú alguna vez al amparo de Dios? La iglesia y el mundo no necesitan nada tanto como un poderoso Espíritu de intercesión para atraer el poder de Dios sobre la tierra. Orad por que descienda desde el cielo el Espíritu de intercesión para un gran avivamiento de oración.[2]

Es mi deseo que este libro despierte al lector al maravilloso recurso de la oración.

Quiero expresar mi más profundo agradecimiento a mi dedicada esposa, Anita, por el tiempo y esfuerzo que ha dedicado a ayudar a llevar a cabo este proyecto. Gracias en especial a Rose, Gladys y Donna por su trabajo de amor en el mecanografiado del manuscrito varias veces. También quiero expresar mi profundo agradecimiento a la familia de la Iglesia Bautista Central por su aliento, oraciones y paciencia, todo ello manifestado de manera tan amante mientras trabajaba en este libro. La vida y la fuerza del cuerpo de los creyentes fue un gran apoyo para esta tarea.

2. Charles Cook, ed., *Daily Meditations for Prayer* (Westchester, Ill.: Good News, s/f), 330.

Introducción

Al entrar en mi oficina tenía los ojos bañados en lágrimas, y sus manos humedecidas traicionaban su ansiedad. Su voz tenía el mismo temblor de temor que había notado cuando ella llamó para concertar una visita. Nancy* era hija de unos misioneros, una brillante estudiante, y una hermosa muchacha de 19 años.

Después de unos momentos de oración, ella me abrió su corazón. "Pastor Bubeck, he estado atormentada durante varios meses. Casi cada noche, cuando trato de dormir, cae sobre mí la sensación de una presencia terrorífica. Incluso he visto en mi dormitorio apariciones fantasmales, y tengo mucho miedo."

El problema de Nancy comenzó cuando ella y algunas de sus compañeras de clase en un colegio superior cristiano fueron a ver la película *El Exorcista*. Desde aquel entonces le sobrevinieron sus tormentos con una intensidad variable. Quería saber donde podía encontrar ayuda. ¿Cómo podría liberarse de este temor? ¿Era su ansiedad algo puramente psicológico; estaba volviéndose loca? ¿O podría ser que Satanás o sus demonios estuvieran causando su problema? Y si éste era el caso, ¿qué podía hacer?

Traté de mostrarle a Nancy algunos de los principios para la guerra espiritual que se exponen en la Palabra de Dios. Un nuevo conocimiento, y con ello una confianza renovada, comenzaron a suscitarse en su corazón. Al ver su victoria en el Señor Jesucristo, comenzó a desvanecerse un tanto su temor.

El problema de Nancy está multiplicándose hoy día en la iglesia. Antes de salir de mi oficina, me hizo una pregunta que merece una respuesta: "Estoy viendo toda una nueva faceta de la vida cristiana que nunca había visto antes. ¿A qué se debe que en los diecinueve años de mi vida apenas si he oído hablar de la guerra espiritual?"

---

* Los nombres de las personas empleadas como ejemplos en este libro han sido cambiados para proteger su anonimato.

Pensé discernir una nota de resentimiento, como si como cristiana se sintiera engañada.

Muchos creyentes quieren una respuesta a esta pregunta. ¿Por qué todo este renovado interés en los círculos cristianos acerca de los demonios y de la obra de Satanás? ¿Se trata acaso de otra moda pasajera? ¿Centra demasiada atención sobre el diablo? ¿Se tratará de una sutil estratagema de Satanás para apartar a los creyentes de la importante obra del evangelismo?

La obra de Satanás no es, desde luego, una moda pasajera. Él siempre ha aborrecido a todos los creyentes "con odio violento". El reino de Satanás está entregado a un esfuerzo implacable por destruir a los cristianos y su cumplimiento efectivo de la voluntad de Dios. Hay varias razones por las que la batalla se está haciendo hoy día más manifiesta.

Una razón para la actividad crecientemente manifiesta de Satanás en las vidas de los cristianos es que hasta recientemente el tema de la guerra espiritual agresiva ha sido muy descuidada en los círculos evangélicos. Durante los setenta y cinco años la mayoría de los creyentes fueron adormecidos a una actitud de suponer de manera pasiva su victoria sobre Satanás en lugar de aplicarla de manera agresiva. Cuando el Señor me llevó por primera vez a un estudio más profundo de cómo el creyente derrota el poder de Satanás, descubrí que la mayor parte de los libros doctrinalmente sanos escritos acerca de este tema eran muy viejos. Los seminarios evangélicos y las escuelas bíblicas habían preparado a sus graduados a luchar por los fundamentos de la fe, pero habían dado pocos conocimientos acerca de cómo enzarzarse en batalla con Satanás, un enemigo personal.

Otra razón por la que estamos viendo la batalla con mayor claridad es que estamos viviendo en los últimos días. Primera Timoteo 4:1 declara: "El Espíritu dice claramente que en los postreros tiempos algunos apostatarán de la fe, escuchando a espíritus engañadores y a doctrinas de demonios." Estos versículos en la Palabra de Dios han de ser tomados en serio. Las actividades agresivas y abiertas de Satanás y de sus demonios han de mostrarse de manera mucho más pronunciada al ir llegando a nosotros los tiempos del fin.

> ¡Ay de los moradores de la tierra y del mar!
>   porque el diablo ha descendido
> a vosotros con gran ira,
>   sabiendo que tiene poco tiempo.
>
> (Apocalipsis 12:12)

Una tercera razón para una consciencia más clara de la batalla es que el pecado abunda en nuestros tiempos. Cuanto más malvado se vuelve el hombre, tanto más abierto y evidente se volverá el poder de Satanás. Esto es particularmente cierto con los pecados que involucran ocultismo y licencia sexual. Una sociedad profundamente caracterizada por la pornografía, licencia, drogas, alcoholismo, hechicería, brujería y el abierto culto a Satanás es una sociedad que dará lugar a mucha actividad abierta y evidente de los demonios.

¿Qué deben hacer los creyentes para prepararse para afrontar el reto? Este libro alienta a los creyentes a emplear la oración guerrera y otros métodos prácticos para alcanzar la victoria cierta. Los creyentes deben evitar personalmente y deben guardar diligentemente a sus familias de cualquier involucración en prácticas ocultistas. Las tablas ouija, las sesiones de espiritismo, la levitación, la meditación trascendental, las cartas tarot, los horóscopos y cosas semejantes deberían ser totalmente evitadas. Darse a la curiosidad acerca de tales cosas es como entrar desarmado en el territorio enemigo.

> Cuando entres a la tierra que Jehová tu Dios te da, no aprenderás a hacer según las abominaciones de aquellas naciones. No sea hallado en ti quien haga pasar a su hijo o a su hija por el fuego, ni quien practique adivinación, ni agorero, ni sortílego, ni hechicero, ni encantador, ni adivino, ni mago, ni quien consulte a los muertos. Porque es abominación para con Jehová cualquiera que hace estas cosas, y por estas abominaciones Jehová tu Dios echa a estas naciones delante de ti. Perfecto serás delante de Jehová tu Dios. (Deuteronomio 18:9-13)

También debemos andar con cuidado en no desarrollar una excesiva curiosidad acerca de las obras de Satanás. Los libros y las películas que describen las prácticas y las orgías de aquelarres y del culto a Satanás están fuera de lugar para los creyentes. Con el pretexto de informarse, algunas personas bienintencionadas están haciendo un flaco y peligroso servicio a la comunidad cristiana. Conocer los detalles de los ritos y rituales de la hechicería es algo dañino y totalmente innecesario. La mayor parte de nosotros veríamos rápidamente el mal de leer pornografía o de ver películas pornográficas para comprender mejor esta área de pecado, pero puede que no lleguemos a ver el mal en la curiosidad acerca de la hechicería y del satanismo.

Tenemos también que guardarnos contra preocuparnos de manera temerosa por Satanás y sus actividades, dándole de esta manera una importancia desmesurada. En la guerra espiritual, dos palabras vitales son la esperanza y el valor. El valor no sólo es necesario para enfrentamos con nuestro implacable enemigo, sino que es también la posesión adquirida del creyente. Satanás no querría nada mejor que llenar a los creyentes de temor de él y de su reino. Si puede mantener sus obras rodeadas de un aura de misterio, o si puede cubrir sus programas con un engaño sensacionalista en las mentes de los creyentes, Satanás habrá conseguido uno de sus principales objetivos.

"Sed sobrios, y velad; porque vuestro adversario el diablo, como león rugiente, anda alrededor buscando a quien devorar; al cual resistid firmes en la fe" (1 Pedro 5:8-9a). Satanás ruge para volvernos temerosos, y por ello más vulnerables, pero nuestro derecho adquirido es el valor para resistirle.

El temor es una de las razones principales por la que los creyentes no se involucran en la guerra espiritual. Esperan que ignorando el tema evitarán tener que enfrentarse directamente a su enemigo. Algunos me preguntan: "¿Cuánto tengo que involucrarme en la guerra espiritual cuando no estoy consciente de ningún problema particular?" Mi respuesta es siempre recordarles que ya están involucrados si son creyentes. Tanto si queremos como si no, Satanás lanza la batalla sobre nosotros, en un encuentro implacable, cuerpo a cuerpo. Efesios 6:12 afirma que la nuestra es una batalla personal, una lucha cuerpo a cuerpo contra el reino de Satanás, sumamente organizado. Para los que se dan cuenta del asombroso poder del reino de Satanás, esta lucha personal es una perspectiva atemorizadora. Pero la tesis subyacente de Efesios 6 es que cada creyente tiene la certidumbre de la victoria: "para que . . . habiendo acabado todo, estar firmes" (Efesios 6:13).

La oración es el medio mediante el que reivindicamos de manera agresiva nuestro poder en el Señor, apropiándonos del poder del Espíritu Santo, y revistiéndonos de toda la armadura de Dios. No hay sustitutivo para una vida de oración que aplique de manera agresiva la verdad de la Palabra de Dios. Es esto lo que mencionaba Pedro cuando nos llamó a resistir al diablo, "firmes en la fe". "La fe" es todo el cuerpo de la verdad de Dios, las verdades absolutas, eternas, de la doctrina, que no puede ser quebrantada.

¿Cuán valerosos debieran ser los creyentes en la aplicación de su victoria sobre Satanás? Algunos cristianos evangélicos han recurrido al exorcismo de malos espíritus, incluso de las vidas de otros creyentes. Algunos casos han dado resultados alentadores, pero en otras cuestiones el beneficio de esta práctica ha sido muy dudoso.

Un reportaje del diario *Chicago Tribune* del 27 de marzo de 1975 llevaba este perturbador titular: "Parricida británico suscita un debate sobre exorcismo". El artículo informaba que tres horas después que un hombre fuera objeto de un "antiguo ritual de exorcismo", dio muerte y mutiló a su mujer. Citaban a un canónigo de la Iglesia de Inglaterra que dijo: "Los entrometidos se mezclan en demonismo sin saber lo que están haciendo ni lo que pudiera suceder. El daño que se puede hacer es inconmensurable." Edward Rogers, director de responsabilidad social de la Iglesia Metodista, añadió unas palabras más moderadas, pero igualmente cuidadosas: "Administrado con precaución el exorcismo podría actuar como una forma de ayuda psicológica, pero hecho de mala manera puede ser una forma de desastre psicológico."[1]

Son comunes e igualmente polémicos reportajes similares acerca de la práctica del exorcismo de demonios. ¿Cuál debería ser la actitud de los creyentes acerca de la práctica de enfrentarse abiertamente a los poderes demoníacos? El Señor Jesús y Sus discípulos se enfrentaron en muchas ocasiones a los malos espíritus, exigiendo abiertamente que revelaran su presencia (Marcos 5:9; Hechos 16). Como creyentes unidos con el Señor Jesucristo en toda Su persona, posición y victoria, tenemos autoridad sobre todos los poderes malvados (Efesios 1:21; 2:6; 6:10-18), y puede que haya ocasiones en las que sea necesaria un abierto enfrentamiento con el enemigo. La hora en que vivimos puede obligarnos a aceptar esta obra. Traté de tocar algunas de estas ocasiones y procedimientos en el capítulo 9 de *El Adversario*.

Pero creo que se debería dar un énfasis mucho mayor a la consecuente oración guerrera del creyente perturbado, al uso de la sana doctrina en su andar diario, y a la práctica de una vida separada y piadosa. Los creyentes individuales han de saber cómo ejercer su autoridad sobre Satanás y los demonios de una manera llena de autoridad.

Los creyentes han de ver de manera renovada su privilegio y responsabilidad de andar victoriosos como hombres y mujeres de Dios. Ningún creyente que ande voluntariosamente en los pecados de la carne y del mundo puede esperar escapar al daño y esclavitud de Satanás (Gálatas 5:13-26; 1 Juan 2:15-17). ¿Puedes imaginarte qué le sucedería a un soldado que, durante el fragor de la batalla, se diera un paseo por el territorio del enemigo? Si no resultara muerto, pronto se vería rodeado y tomado prisionero. En cambio, hay creyentes que

---

1. *The Chicago Tribune*, 27 de marzo, 1975.

creen que pueden darse descuidadamente al pecado sin resultar vulnerables para Satanás. Efesios 4:27 advierte de esta manera: "Ni deis lugar al diablo". Esto es lo que él desea: que le demos lugar para poderse introducir en la vida del creyente. Lo que intenta es dañarnos, esclavizarnos y destruirnos por medio de nuestro amor al mundo o de otros pecados. A no ser que conozcamos nuestro camino a la victoria, nos volvemos vulnerables.

La victoria sobre los pecados de la carne se alcanza reconociendo en primer lugar la capacidad de nuestra vieja naturaleza de cometer pecado. Es por esto que se nos dan listas como la de Gálatas 5:19-21. A Dios no le sorprende nuestra vieja naturaleza. Él conoce la maldad de la misma, y quiere que nosotros también la conozcamos. El segundo paso para alcanzar la victoria sobre los pecados de la carne es consideramos muertos a la vieja naturaleza (Romanos 6:5-6; Gálatas 5:24). Con Cristo, el "hombre viejo" es hecho morir. El tercer paso es andar en el Espíritu y pedirle que ponga dentro de nuestras vidas interiores el fruto de Su plenitud (Gálatas 5:22-23). Y Él lo hará al rendirnos nosotros a la verdad de Su Palabra inspirada. La aplicación constante de nuestra victoria obra maravillas para derrotar los pecados de la carne.

La victoria sobre la carne, sobre el mundo y el diablo nos ha sido totalmente provista. La apropiación de esta victoria y el andar en ella es nuestra responsabilidad. Actuar voluntariosamente de otra manera nos llevará al desastre, y puede que se precise de una feroz batalla contra Satanás antes que vuelva la libertad.

Creo que una de las más grandes necesidades de la iglesia es que los creyentes estén conscientes de la gravedad de nuestra batalla contra Satanás, y de la ayuda práctica, espiritual, que nos da la victoria. Y esta victoria ha de formar parte de nuestro andar espiritual diario. Este libro ayudará a los creyentes a llevar una victoriosa vida guerrera y de oración.

1
Satanás no es invencible

Durante ocho meses maravillosos tuvimos el privilegio de tener en nuestra casa a una encantadora muchacha de veintidós años, que había sido heroinómana durante al menos cinco años. Antes de acudir a nosotros, Sandy había sido desintoxicada en un hospital carcelario. Comenzó a prosperar en el ambiente seguro de nuestro hogar cristiano. Era como una flor que comenzaba a abrirse. En su libertad de las drogas, comenzó a ver todo un nuevo mundo a su alrededor, y se dio cuenta de lo que se había perdido durante su esclavitud. Disfrutaba yendo a la iglesia. Incluso hizo profesión de recibir a Jesucristo como su Salvador. Su trabajo como auxiliar de enfermera en un hospital local para convalecientes la deleitaba, dedicada a consolar y a ayudar a los pacientes ancianos. Comenzaron a volver sus dotes como pianista de talento. Todo parecía brillante y alentador.

Todo fue bien hasta que uno de sus viejos amigos descubrió dónde se encontraba. La invitó a asistir junto con él a la boda de su hermana. De mala gana, ante su insistencia, la dejamos ir. Luego nos contó que aquella misma noche había vuelto de nuevo al camino de las drogas. Aunque la queríamos mucho, no pasó mucho tiempo hasta que tuvimos que decirle que o bien tendría que vivir bajo la disciplina de nuestra familia, o bien irse.

La noche en que decidió irse, hablamos de su profesión de fe. Con una inteligencia inusual, señaló a su cabeza y dijo: "Lo tengo aquí arriba, Pastor B., pero nunca lo quise aquí abajo", señalando su corazón. ¡Qué noche más oscura fue para nosotros cuando la vimos saliendo en el nuevo automóvil que su padre le estaba ayudando a comprar! Satanás parecía entonces tan poderoso, y nosotros tan débiles. Pocos meses después dirigí su funeral. Había muerto de una sobredosis. Nadie sabe si se la administró ella misma o si fue forzada. Satanás, desde luego, es muy poderoso.

EL PODEROSO AMOR DE CRISTO

Sin embargo, hay un aspecto más luminoso en esta historia. Durante los meses después que Sandy se fue, nuestra familia nunca dejó de orar por ella. Teníamos frecuentes llamadas y contactos con ella, a veces para ayudarla a salir de un aprieto. Siempre nos decía que nos quería.

Un día de agosto, sonó el teléfono en mi oficina. Era nuestra hija mayor, Rhonda, que había venido desde otro estado a visitarnos. Me dijo que Sandy estaba en casa, y que me quería ver. Lo dejé todo, y me apresuré a ir a casa.

No estaba preparado para lo que vi. Sandy acababa de escapar de un hospital local, sin recibir el alta, donde estaba siendo tratada por una sobredosis. Su hermoso cabello negro y largo había sido cortado justo debajo de las orejas por un encolerizado novio. Su cara era un pálido reflejo de la muchacha hermosa que había estado en nuestra casa. Padecía no sólo de una sobredosis, sino también de una enfermedad hepática. Llevaba la ropa sucia y harapienta. La abracé y comencé a llorar. Mi gesto de afecto pareció quebrantar su corazón, y sollozó largamente su pena sobre mi hombro.

Cuando pudimos hablar, le dije: "Sandy, sabes que pronto morirás si vives de esta manera, ¿no?" Ella me miró un momento, y de nuevo sus ojos quedaron bañados en lágrimas al asentir con la cabeza. Hablamos acerca de la admisión que ella había hecho de que su anterior profesión de fe sólo había sido un asentimiento de la cabeza, y no una creencia del corazón. Pasamos a considerar numerosos pasajes bíblicos que muestran que la vida eterna sólo es dada a los que acuden al Señor con el corazón. Ella tenía que reconocer voluntariamente su propio pecado y arrepentirse. Tenía que querer verdaderamente ser libre del poder del pecado y de las drogas, y creer que el Señor Jesucristo podía salvarla de todos sus pecados.

Se estaba librando una terrible batalla. El dominio de Satanás sobre ella estaba siendo amenazado, y luchaba fieramente por mantenerlo. A veces parecía que ella se endurecía e incluso se ponía a reír. En otras ocasiones parecía casi quedarse en blanco. Durante estos momentos me detenía y oraba en voz alta por ella. "En el nombre del Señor Jesucristo, alto la interferencia de Satanás contra que Sandy acuda a conocer al Señor Jesucristo. Invito al Espíritu Santo a convencer a Sandy de su necesidad de ser salva de sus pecados. Señor Jesucristo, abre sus ojos para que vea cuánto la amas Tú."

Seguí asegurando a Sandy que nadie podía tomar aquella decisión por ella. Ella tenía que invitar a Cristo de manera personal a entrar en su vida y corazón y salvar su alma. Me decidí a no ponérselo fácil. No me ofrecí a ayudarla a orar la oración del pecador como había hecho cuando su anterior confesión. Le dije que tenía que salir de su propio corazón. Tenía que derramar su corazón en arrepentimiento para con Dios e invitar al Señor Jesús a entrar en su vida y limpiar todos sus pecados.

La lucha continuó un cierto tiempo. En un momento parecía cercana a decidirse por Cristo, al siguiente momento quería dejarlo para otra ocasión. Finalmente, oré sobre ella una oración doctrinal, reivindicando la obra acabada de Cristo contra Satanás, y apelando al amor lleno de gracia de nuestro Señor por Sandy.

Llegó el momento de la victoria. Sin ninguna adicional incitación mía, Sandy se puso a orar de rodillas. De lo más hondo de su alma se derramaron palabras de dolor por sus pecados y de amor para Cristo como pocas veces he oído. Expresó su anhelo de que el Señor Jesucristo entrara en su vida y la liberara de sus pecados. Las lágrimas caían abundantemente, no sólo de sus ojos, sino también de los míos. Cuando hubo acabado su oración, comencé a orar otra vez que el Señor la liberara de toda atadura satánica y de todos los poderes demoníacos que habían impuesto demandas sobre su vida.

Sandy estaba de rodillas en medio de nuestro salón con su rostro sepultado en sus manos sobre la alfombra. Mientras yo oraba por su liberación ella comenzó a toser en abundancia y a arquearse como si estuviera vomitando algún veneno invisible. Los poderes de las tinieblas que habían ejercido un poder tan grande durante tanto tiempo en su vida estaban saliendo. Era como si tuviera que salir oleada tras oleada, y cada vez la tos y las arcadas convulsionaban su cuerpo. Sandy no parecía realmente comprender lo que estaba sucediendo, pero sabía que era bueno. Yo seguí orando al Señor para que eliminara todos los poderes de las tinieblas de la vida de Sandy y para que liberara por completo.

Cuando Sandy finalmente se sentó, una sonrisa radiante alumbraba todo su rostro. Se la veía hermosa y llena de paz. El resplandor del cielo estaba irradiando a través de todas las cicatrices del pecado.

"No puedo creerlo —me dijo.— Nunca me he sentido tan limpia por dentro. Estoy realmente salvada. Jesucristo realmente me ama. No puedo creérmelo. Realmente me ha sucedido a mí." Sí, Satanás es poderoso, pero no es todopoderoso. De nuevo había quedado quebrantada su terrible atadura sobre una vida humana.

Al contemplar aquel día, creo que cometí entonces un grave error. Sandy quería ir a ver a sus padres para decirles lo que había sucedido, y la dejamos marchar. Ella les contó su decisión a sus padres, y les dijo: "Mamá, papá, nunca tendréis que volveros a preocupar de mí. Incluso si muriera esta noche, sé que voy a estar en el cielo."

No sabemos de cierto qué sucedió después de aquello. Ella le dijo a su padre que iba a entregar a algunas personas "muy malas" a las autoridades. Él estaba convencido de que aquellas personas "muy malas" no pudieron soportar a aquella nueva muchacha, y que la forzaron a tomar una sobredosis de drogas. Nadie lo sabe de verdad, pero nuestro gozo es no tener duda alguna de que Sandy está ausente de su cuerpo, "presente con el Señor". Satanás es poderoso, pero no invencible. La oración guerrera había traído uno de los pecios más desesperados de la vida y lo había ganado para Cristo. El servicio funeral fue una ocasión de victoria patente. Compartí el testimonio de su conversión con la gran congregación de su familia y amigos. Muchos de ellos no conocían a Cristo, y quedaron profundamente afectados por el servicio.

NO HAY ENEMIGO PEQUEÑO

Cada vez que Satanás aparece en las Escrituras, se ve un halo de insólito poder que rodea a este ser creado caído. La Biblia parece indicar que Dios jamás ha creado a ningún otro ser tan poderoso como Satanás. Incluso el arcángel Miguel, uno de los santos ángeles de Dios, aparentemente no podía competir con Satanás en un encuentro directo (véase Judas 9). Miguel tuvo que apelar al Señor para que reprendiera a Satanás. El pavoroso poder de Satanás se ve también en los relatos evangélicos de la tentación de Jesús. Nadie puede leer acerca de aquella confrontación en el desierto sin desarrollar un sobrio respeto por el poder y la posición de este archienemigo de Dios y de Su reino. Sin embargo, tenemos la urgente necesidad de conocer que Satanás no es invencible. Él es siempre "el segundo de la fila". Es una mera criatura: ¡no puede plantar cara al Creador!

En ocasiones, la batalla puede volverse feroz, y podemos pensar que Satanás está venciendo. Daniel debió sentir esta sensación cuando estuvo orando durante veintiún días por una respuesta a una oración apremiante de su corazón (Daniel 10). Nos cuenta que durante aquel tiempo estuvo en estado de duelo. Como expresión de su profunda fe en Dios, pasó por un ayuno limitado y otras prácticas de negación de sí mismo.

La oración de Daniel había llegado al cielo el mismo día en que la pronunció, pero la respuesta fue retrasada por un poderoso príncipe del reino de Persia, que se interpuso en el camino del santo ángel, que acudía a Daniel con la respuesta de Dios. Sólo al seguir Daniel orando y ayunando después de aquellos veintiún días, pudo llegar el santo ángel (véase Daniel 10:1-15). ¿Qué habría sucedido si Daniel hubiera pensado que Satanás era demasiado poderoso para que él pudiera conseguir una respuesta a esta petición? Quizá el mensajero angélico no habría llegado.

¿Cejamos demasiado pronto y nos perdemos la respuesta a nuestra oración? Cristo podrá revelar algún día la respuesta a esta pregunta, pero el reto de la misma debería movernos a orar con una fidelidad más tenaz. Satanás no es invencible, pero nosotros podemos y debiéramos serlo. Es la voluntad del Señor que recibamos todo lo que necesitamos para hacer la voluntad de Dios.

LAS TÁCTICAS DE SATANÁS

¡Cuán engañoso es Satanás cuando intenta convencernos de que es demasiado poderoso para nosotros! Un joven profesional me llamó para hablarme acerca de su batalla con el reino de Satanás. Era un atleta, y muy fuerte, tanto física como intelectualmente. Sin embargo, se había sentido acosado por un incesante hostigamiento de poderes demoníacos. Le afligían con unas enojosas sensaciones físicas y en ocasiones controlaban su lengua de manera que silbaba como una serpiente. Cuando le sucedían estas cosas, parecía incapaz de remediarlo.

Por teléfono, le señalé tan bien como pude los principios de la guerra espiritual, y le envié otros materiales. Durante un tiempo, esto pareció servirle de ayuda, pero luego su problema pareció agravarse. Recientemente, me volvió a llamar. Mientras me contaba su batalla por el teléfono, me comunicaba un mensaje de desesperanza y de desánimo. Podía comprender esto a la luz de su larga batalla, pero sabía que tenía que moverlo de su desesperanza.

Después de dejarle hablar acerca de su batalla y derrotas durante algún tiempo, le dije: "Supongo que, después de todo, Satanás es realmente más fuerte que Dios. Te tiene atrapado, y tanto da que te des por vencido, porque no hay esperanza."

Su reacción fue instantánea y gratificadora. "Esto es lo que realmente estoy diciendo, ¿verdad? —contestó.— He caído en la trampa de convencerme a mí mismo de que estoy vencido. Pastor, ore por mí." Nos unimos en oración por el teléfono. Mientras estaba yo orando, los poderes de las tinieblas intentaron alcanzar el dominio, pero seguimos orando y regocijándonos en nuestra posición invencible de victoria en Cristo. El poder de estos poderes quedó quebrantado. Él pudo alabar al Señor por la batalla e incluso por las derrotas sufridas, regocijándose en el propósito del Señor por la prolongada batalla.

Una mujer me llamó y me contó su difícil lucha en la guerra espiritual. Cuando traté de compartir con ella los principios de la guerra espiritual agresiva, me respondió asegurándome que había estado haciendo todo esto durante muchos años. Insistió en que su situación era singular y difícil más allá de lo que nadie más hubiera experimentado. Iba a necesitar alguna atención muy especial antes de poder esperar liberarse, porque Satanás tenía un poder tan desmesurado sobre su vida. El secreto del poder del enemigo en su vida era éste: Ella le estaba asignando al enemigo un papel invencible en su vida, papel que el enemigo se sentía muy feliz en asumir.

Cuando hacemos esto, nos vemos encerrados en un ciclo de derrota. No podemos ganar, porque sabemos que no podemos. Una persona así busca a alguien que le ayude que no esté sometido como ella lo está al poder "invencible" de Satanás como ella, pero incluso sus amigos cristianos se ven impotentes, hasta que la persona renuncie a esta mentira que cree. Satanás no es invencible. Es un enemigo derrotado. Toda aparente victoria que tenga en nuestras vidas es sólo temporal. "Somos más que vencedores por medio de aquel que nos amó" (Romanos 8:37).

Satanás quiere que le adoremos. Él llevó al Señor a un monte algo y le mostró "todos los reinos del mundo y la gloria de ellos". Le dijo: "Todo esto te daré, si postrado me adorares" (Mateo 4:8-9). Si osó a intentar conseguir que le adorara el impecable Hijo de Dios, empleará sus añagazas más sutiles para tratar que los que pertenecen a Cristo hagan lo mismo.

¡Oh!, bien pocas veces será tan descarado como para intentar que realmente te arrodilles y adores. Al menos no al principio. Es mucho más sutil. Intentará sólo exaltar su poder en tu pensamiento hasta el punto en que te consideres como un juguete a su merced. En este punto, y por lo que a ti respecta, él es ciertamente un enemigo invencible. Cuando caigas en esta trampa, le estás dando a Satanás un honor que es una especie de adoración: una adoración compuesta de temor y sujeción.

Cuando yo era joven, mi padre tenía en ocasiones tres o más toros de pura casta como parte de su manada. Era inevitable que uno de aquellos toros demostrara en una lucha con los otros que él era "el jefe". Una vez esto quedaba demostrado, los derrotados le daban siempre el derecho a gobernar y no desafiaban su autoridad ya más. Esto ilustra lo que Satanás trata de hacer con nosotros. Cuando nos derrota una o varias veces, está sencillamente tratando de establecer su derecho a gobernar. Quiere que los creyentes acepten el hecho de que él es más fuerte que ellos, y que es "el jefe". Una vez hayamos aceptado esta falacia, nos ha atrapado en una derrota psicológica que no tiene lugar en la vida cristiana.

ENGAÑADOS POR LA EXPERIENCIA

Hay ocasiones en las que la experiencia parece desafiar a la verdad. Una señora canadiense decía haber empleado fielmente los principios de guerra espiritual expuestos en *El Adversario*. "Lo he hecho todo,— decía ella— pero para mí no funciona. He orado oraciones doctrinales, he leído y memorizado la Palabra, he resistido agresiva y consecuentemente al diablo y sus demonios, pero me sigo sintiendo constantemente acosada." Se sentía desalentada, derrotada, y esperaba de manera desesperada un alivio rápido. Se lamentaba de que no pareciera haber nadie cerca que estuviera interesado en ayudarla. Su experiencia de la batalla era un reto directo a la verdad de Dios. Se sentía tan derrotada que ni siquiera acudía a la iglesia.

Mientras hablábamos, le pregunté si había dado alguna vez las gracias a su Señor por la batalla. Le pregunté si alguna vez había orado que el Señor le enseñase todo lo que quería que aprendiera por medio de esta larga batalla. Ella me confesó que no. Su actitud había sido que esta batalla con el reino de Satanás era totalmente mala, y que lo único que Dios querría de ella sería una victoria inmediata y total. Cuando vio que Dios pudiera querer enseñarle estabilidad y fidelidad a pesar de la batalla y en medio mismo de la mayor derrota, esto le abrió una perspectiva enteramente nueva.

Hablamos acerca de su descuido de la asistencia a la iglesia y de la comunión con el cuerpo de creyentes como admisión a Satanás de su victoria sobre ella. Su "abandono" de la oración guerrera y que dijera que los principios de la guerra espiritual "no funcionaban" eran admisiones de que Satanás estaba venciendo. Tenía necesidad de mantenerse sobre la verdad, y no dejar que la experiencia de su batalla se la arrebatara.

Es por esto que el apóstol Pablo enfatiza una y otra vez en sus grandes exhortaciones doctrinales de Romanos 5 y 6. Tenemos que mantenernos sobre la verdad y no dejar que la experiencia subjetiva rete lo absoluto de la verdad. Sólo al hacer esto comenzará a armonizar la experiencia subjetiva con la verdad. Nunca se debe confiar en la experiencia subjetiva como una norma válida de verdad espiritual. La Palabra de Dios revelada es lo que establece la verdad.

En Romanos 6:5-10, el apóstol Pablo expone la verdad de que cada creyente está unido con Cristo en Su total victoria sobre el pecado, la muerte y Satanás. Ésta es una verdad infalible sobre la que cada creyente tiene la responsabilidad de mantenerse. El pecado y Satanás no pueden regir sobre una persona muerta. El pecado no puede dominar ni esclavizar a aquellos que están ahora "vivos para Dios" debido a nuestra unión con Cristo en Su resurrección. Ésta es una verdad infalible, inmutable, sobre la que se espera que nos mantengamos, con independencia de toda experiencia.

Satanás tratará incesantemente de desafiar la verdad. Lanzará todo el hostigamiento que pueda sobre tu experiencia para hacerte pensar que para ti esto sencillamente no funciona. Seguirá diciendo mediante tu experiencia que el pecado es demasiado poderoso, y que puede reinar y que reinará en tu vida.

¿Cuál es la respuesta de Pablo a este ataque? "Así también vosotros consideraos muertos al pecado, pero vivos para Dios en Cristo Jesús, Señor nuestro. No reine, pues, el pecado en vuestro cuerpo mortal, de modo que lo obedezcáis en sus concupiscencias" (Romanos 6:11-12). El reto de Pablo es comunicado repetidas veces en pasajes doctrinales similares. Tenemos que mantenernos sobre la verdad. Nuestra responsabilidad es afirmar como un hecho que estamos "muertos" al gobierno y reinado del pecado, de la muerte, y de Satanás, en nuestras vidas.

Estamos "vivos para Dios". Nuestro Señor gobierna. Nuestra responsabilidad es que "no reine el pecado". El pecado y Satanás sólo pueden reinar si les dejamos que lo hagan. Les dejamos reinar cuando aceptamos como un hecho que "la cosa no funciona" o cuando "dejamos de congregarnos" porque la experiencia en la batalla es abrumadora. En el momento en que le dejemos a Satanás tener un papel invencible en nuestras vidas debido a nuestra experiencia de la batalla, y a nuestra experiencia de derrota, le estamos dejando reinar. La victoria se alcanza porque tenemos la certidumbre de la victoria por medio de nuestro Señor Jesucristo.

No hay ningún punto en el que el creyente tiene que someterse y admitir derrota en manos de la astucia y poder de Satanás. Hay esperanza y victoria disponibles para los más derrotados. La iglesia en Laodicea ilustra este extremo. Aquel cuerpo de creyentes había sucumbido ante el engaño satánico. Se había apoderado de ellos la tibieza espiritual. Aquella iglesia se sentía a sí misma muy autosuficiente y espiritualmente victoriosa. Estaban diciendo: "Yo soy rico, y me he enriquecido, y de ninguna cosa tengo necesidad." Estaba tan cegados por el astuto engaño de Satanás que no sabían que eran "desventurados, miserables, pobres, ciegos y desnudos" (Apocalipsis 3:17). Sin embargo, el Señor Jesús ofrecía incluso a personas tan totalmente engañadas un pleno acceso a Su victoria:

> Por tanto, yo te aconsejo que de mí compres oro refinado en fuego, para que seas rico, y vestiduras blancas para vestirte, y que no se descubra la vergüenza de tu desnudez; y unge tus ojos con colirio, para que veas.
> Yo reprendo y castigo a todos los que amo; sé, pues, celoso, y arrepiéntete. He aquí, yo estoy a la puerta y llamo; si alguno oye mi voz y abre la puerta, entraré a él, y cenaré con él, y él conmigo. (Apocalipsis 3:18-20)

La gran oferta y certidumbre pertenece a cada creyente. No importa cuán lejos haya ido Satanás en engañarnos y controlarnos, podemos tener oro probado en el fuego del afinador; vestiduras blancas y limpias; y colirio de sanidad para eliminar nuestra ceguera espiritual. Podemos reivindicar una estrecha comunión, íntima, de corazón, con Cristo. Satanás no es invencible, pero Cristo sí lo es, y el creyente es invencible en Él.

ORACIÓN VICTORIOSA

Amante Padre Celestial, te alabo porque Satanás es un enemigo derrotado. Me regocijo por cuanto su derrota fue lograda por el Señor Jesucristo en Su vida sin pecado, Su muerte, sepultura, resurrección y ascensión a la gloria. Espero aquel día cuando el Señor Jesucristo regirá, mientras Satanás estará atado en el abismo sin fondo. Sé que Satanás será finalmente encerrado en el lago de fuego preparado para él y para sus ángeles. Me regocijo porque Tú me has dado, en mi unión con el Señor Jesucristo, una total victoria hoy sobre Satanás.

Entro en mi victoria de manera agresiva, y reivindico mi puesto como más que vencedor por medio de Aquel que me amó. Rehúso admitir una continuada derrota en manos de Satanás en cualquier área de mi vida. Él no puede gobernar y no gobernará sobre mí.

Estoy muerto con Cristo a su poder. Afirmo que la gracia y misericordia de Dios gobiernan en todas las áreas de mi vida por mi unión con el Señor Jesucristo. Concédeme la gracia de afirmar mi victoria incluso cuando las experiencias de la vida parezcan mostrar otra cosa.

Te doy gracias por estas batallas y por todo lo que Tú estás buscando llevar a cabo en tu sabiduría y designios para mi vida. Acepto la batalla y me regocijo en tu propósito. Acepto bien dispuesto y deseo sacar provecho en todo tu propósito al permitir que el reino de Satanás me hostigue. Rechazo todo el propósito de Satanás. Por medio de la victoria de mi Señor y Salvador me levanto resuelto y fuerte sobre la certidumbre de mi victoria. Confiado, te miro a ti, Señor Jesucristo. Cuando se cumpla tu propósito para esta prueba, sé que se desvanecerá en la nebulosidad de las batallas olvidadas y de un enemigo vencido. En el precioso nombre del Señor Jesucristo, así será. Amén.

2
El mantenimiento de una perspectiva soberana

Por encima de todo, los cristianos tienen que cultivar una fe que les establezca como ganadores. Esto es importante. Cualquier cosa menos que esto le da a Satanás y a su reino una ventaja devastadora.

El entrenador Bear Bryant llegó a ser, durante su vida, una leyenda del fútbol americano. Al final de su carrera de treinta y dos temporadas poseía seis campeonatos nacionales y más victorias que cualquier otro entrenador en la historia del fútbol americano universitario.

Victor Gold, en un tributo a la carrera de Bryant, escribe acerca de él en el número de 19 de febrero de 1983 de la revista *National Review*: "Como todas las leyendas auténticas del Sur, era un hombre de la tierra. Una vez él dijo: 'Si no hubiera descubierto el fútbol, habría acabado detrás de una mula, como mi padre. Pero te digo una cosa: Habría arado el surco más recto del estado de Arkansas'."[1]

Alguien le preguntó en cierta ocasión: "¿No se considera usted un innovador? ¿Un modelo de nuevos estilos?"

"No —dijo él— no soy nada más que un ganador." La carrera ganadora y la filosofía de la vida asumida por Bear Bryant dice algo importante a los creyentes. Debemos saber que por medio de la gracia y de la victoria de la redención no somos otra cosa sino vencedores.

Habacuc vivió en una época muy semejante a la nuestra. Allí donde mirara veía degeneración moral y espiritual, expresadas en violencia e injusticia. En sus oraciones clamó: "¿Hasta cuando, oh Jehová, clamaré, y no oirás; y daré voces a ti a causa de la violencia, y no salvarás? ¿Por qué me haces ver iniquidad, y haces que vea molestia? Destrucción y violencia están delante de mí, y pleito y contienda se levantan" (Habacuc 1:2-3).

---

1. Copyright 1983 por National Review Inc., 150 East 35 St., New York, NY 10016. Usado con permiso.

En nuestros tiempos, un profeta podría emitir los mismos lamentos al contemplar la actual escena mundial. El programa de Satanás es una cacofonía de violencia, injusticia y brutalidad. Prometiendo mucho, Satanás siempre entrega muy poco. Cuanto más influencia ejerce, tanto más aterradores y caóticos se vuelven los asuntos en las vidas individuales y también en la sociedad. Satanás es un usurpador. Intenta aferrarse al poder por la fuerza sin derecho alguno a ello. Es por esto que tiene tanta importancia conocer nuestra base bíblica, o legal, de autoridad, cuando estamos bajo ataque por parte del reino de Satanás.

TUS DERECHOS LEGALES

Unos queridos amigos nuestros pasaron por unos días muy tenebrosos. A la mujer le sobrevenían unos ataques muy parecidos a los de un epiléptico, particularmente por la noche, sin una evidente explicación médica. Los médicos creían que los ataques se debían a alguna especie de ataque de ansiedad, pero nunca la habían visto manifestarse de esta manera. Los psicólogos explicaron que los ataques se debían a una ira reprimida. Nuestros amigos me revelaron cuál era el problema al hablar de cuestiones espirituales que tenían que ver con esta prueba.

Parecía haber razones para sospechar causas demoníacas para los ataques, pero es mejor tener cuidado en unas situaciones emocionales tan delicadas. Las respuestas apresuradas y simplistas pueden ser no sólo injustas, sino también muy dañinas. Sin embargo, por observación y experiencia, había llegado a saber que tales ataques podían desde luego tener un origen demoníaco. Satanás es un astuto intensificador de las debilidades humanas. Problemas psicológicos que podríamos solucionar de manera más bien fácil pueden casi destruirnos cuando son intensificados por Satanás.

Hablamos de la posibilidad de la implicación de Satanás. No sólo los ataques eran dolorosos, sino que también eran aterradores. Consideramos con cuidado la autoridad bíblica del creyente para rehusar a Satanás el derecho a gobernar ninguna área de nuestras vidas. En Romanos 6 vieron que su privilegio y responsabilidad era: "No reine, pues, el pecado en vuestro cuerpo mortal, de modo que lo obedezcáis en sus concupiscencias" (Romanos 6:12).

Se planeó un cuidadoso procedimiento. La siguiente vez que comenzase un ataque, tenían que desafiar inmediatamente cualquier implicación de Satanás prohibiéndole que gobernara de aquella manera. Hablamos acerca de cómo el marido podía acudir al rescate de su mujer retando a cualquier espíritu de las tinieblas que estuviera detrás del ataque. Había de decir: "En nombre del Señor Jesucristo, y por el poder de Su sangre, resisto a cualquier espíritu de las tinieblas que esté tratando que mi mujer tenga un ataque. Te prohibo hacer tal cosa. Te mando que te vayas de nuestra presencia y que te vayas a donde te envíe el Señor Jesucristo." Se le apremió a que insistiera en esto una y otra vez hasta que se quebrantara el ataque. Su mujer fue alentada a que repitiera, hasta donde pudiera, el reto que su marido le dirigía a Satanás.

Al emplear nuestros amigos esta estrategia, los ataques cesaron completamente. En este caso, se había dado una verdadera implicación de demonios, y estaban tratando de intensificar una debilidad humana.

Nuestro sutil enemigo hará cualquier cosa para tratar de engañarnos y llevarnos bajo su control. Si puede convencernos que nuestros problemas no son por causa suya, podrá continuar su obra. Nunca es prudente achacar al diablo todos nuestros problemas, pero tampoco lo es descartar demasiado rápido su implicación.

Empleemos una ilustración para demostrar cuán importante es que conozcas tus derechos bíblicos cuando desafíes los esfuerzos usurpadores de Satanás. Supongamos que un día contestas a la puerta y que allí te encuentras con un hombre recio que te echa a un lado y entra en la casa antes que puedas objetar. Su estatura y su voz enérgica te abruman. Se instala en tu casa como en la suya y la invade. Tú intentas enterarte de qué está haciendo allí, pero sus respuestas son evasivas, diciendo que es amigo tuyo y que sólo quiere ser un buen vecino.

El amo de la casa se cansa de la intrusión, y sugiere que la familia apreciará que se vaya para poder comer en paz. "¡Ah! —dice el corpulento hombre— ¡buena idea! ¿cuándo se come aquí?"

Perplejo ante esta intrusión desvergonzada, pero respetando el tamaño de aquel hombre corpulento, el cabeza de la casa vacila acerca de echar fuera al intruso. Se sirve la comida, y aquel hombre come la mayor parte de la misma. Después de comer pasa al salón y monopoliza la conversación. La familia se siente más y más incómoda, pero el tamaño del hombre, su mirada penetrante y su enérgica voz intimidan a todos.

El padre finalmente sugiere que está haciéndose tarde, y que quizá el hombre debiera irse, porque es hora ya de irse a dormir. El hombre grande se ríe y dice que también está cansado; ha decidido quedarse y dormir en el dormitorio principal. Para este entonces todos están exasperados, pero ¿qué se puede hacer? Con un solo golpe de su poderosa mano los barrería a todos. Sencillamente, pasa al dormitorio y lo ocupa. Es demasiado grande para echarlo. Intimidados, se ven obligados a dejarlo estar allí.

En este momento, la ilustración se está haciendo ridícula. ¡Qué impensable que ninguno de nosotros fuéramos a dejar que esto sucediera! Grande o pequeño, se tiene que ir. Es un intruso, un usurpador. No tiene derecho a entrar, y mucho menos a quedarse. ¿Qué podemos hacer para librarnos de él?

Si somos prudentes, llamaremos a la policía, y le obligaremos a irse. Puede que sea demasiado para que nosotros nos las veamos con él, pero tenemos de nuestra parte toda la autoridad de la ley y del gobierno. Aunque se precise de todo un regimiento para llevar a cabo la tarea, la justicia y la autoridad no le permitirán quedarse. Sin embargo, tenemos que iniciar la acción. Nuestras peticiones no consiguen que acceda a marcharse. Las amenazas sólo le hacen reír debido a su fuerza y tamaño. Somos impotentes contra su fuerza. Se quedaría para siempre si no apelamos a la autoridad legítima.

Satanás es esta clase de enemigo. Es mucho más sutil, pero esta es una buena descripción de cómo opera contra los cristianos. Efesios 4:27 nos advierte que no le demos lugar al diablo. Él penetra en nuestras vidas, donde no tiene derecho legal alguno. Intentará convencernos de que nuestras debilidades, demostradas por nuestros pecados y fracasos, le dan este derecho. Una vez que le hayamos abierto la puerta al ceder a un pecado determinado, insiste en que va a quedarse tanto tiempo como desee. Intimidados por su poder y cargados de culpa por nuestros pecados, llegamos temerosos a la conclusión de que quizá sí que tenga derecho a ello.

No estamos hablando de un cristiano siendo poseído por Satanás. El apóstol Pablo desde luego no estaba poseído por Satanás, pero ciertamente experimentó una profunda aflicción y alguna especie de opresión demoniaca que le turbaba enormemente.

Sin embargo, si quisiera gloriarme, no sería insensato, porque diría la verdad; pero lo dejo, para que nadie piense de mí más de lo que en mí ve, u oye de mí y para que la grandeza de las revelaciones no me exaltase desmedidamente, me fue dado un aguijón en mi carne, un mensajero de Satanás que me abofetee, para que no me enaltezca sobremanera; respecto a lo cual tres veces he rogado al Señor, que lo quite de mí. Y me ha dicho: Bástate mi gracia; porque mi poder se perfecciona en la debilidad. Por tanto, de buena gana me gloriaré más bien en mis debilidades, para que repose sobre mí el poder de Cristo. (2 Corintios 12:6-9)

Hay dos importantes lecciones para aprender de la experiencia de Pablo. Es de la mayor importancia siempre desafiar las intrusiones de Satanás en nuestras vidas.

Pablo sabía que Satanás no tenía ningún derecho *legal* a ser una influencia perturbadora en su vida. Él tenía todo el derecho a "resistir al diablo" con la certidumbre de que Satanás tendría que "huir de él". Él tenía toda la autoridad, todo derecho legal, a insistir en que esta aflicción de causa demoníaca lo dejara. Toda la autoridad de su unión con Cristo en la Persona del Salvador y la obra acabada le pertenecían a Pablo. Satanás no tenía ningún "derecho legal" sobre Pablo. Tampoco tiene ningún derecho legal sobre otros creyentes. Éste es el mismo meollo del mensaje de la obra acabada de Cristo. Hebreos 2:14-15 lo recapitula para nosotros: "Así que, por cuanto los hijos participaron de carne y sangre, él también participó de lo mismo, para destruir por medio de la muerte al que tenía el imperio de la muerte, esto es, al diablo, y librar a todos los que por el temor de la muerte estaban toda la vida sujetos a servidumbre." La obra del Señor Jesucristo nos libera legal y completamente de las demandas de Satanás.

Hay aún otra lección importante que debemos aprender de la experiencia de Pablo. Tenemos que dejar que nuestro Señor sea soberano. Si Pablo hubiera insistido en su caso en sus derechos "legales", habría afrentado a su Señor. En Su soberanía, el Señor tenía un propósito al permitir a Satanás que afligiera al apóstol. Esto ilustra un principio vital de guerra espiritual. En nuestra batalla, nuestro Señor tiene que ser siempre el primero en importancia. Incluso en la batalla directa contra Satanás, nuestros tratos principales son con Dios. Él tiene un propósito en nuestra lucha con las fuerzas de las tinieblas, propósito que es para nuestro bien y para Su gloria.

El hecho nunca se ve con mayor claridad que en el relato del Antiguo Testamento acerca de Job. Todas las angustias de Job, su dolor y tormento, tenían una causa satánica. Sin embargo, Job mantuvo toda su atención centrada en su Señor mientras pasaba por todas sus terribles pruebas.

Job conocía un principio muy importante acerca de los tratos de un justo con el diablo. Sabía que su Señor tenía un propósito soberano en aquella lucha. Era el mismo conocimiento que mantenía a Pablo, aceptándolo y regocijándose en él. Cuando estamos guerreando con Satanás y los poderes de las tinieblas, se deben tener en cuenta dos importantes dimensiones. Primero, tenemos que saber que debido a que estamos unidos a Cristo tenemos una total autoridad para resistir a Satanás y para obligarle a salir de nuestra presencia. Sin embargo, y simultáneamente, tenemos que estar dispuestos a aceptar el propósito soberano de nuestro Señor para dejarnos experimentar la batalla, incluso si se prolonga.

A menudo apremio a aquellos que están enfrentados en una intensa lucha contra Satanás a que digan dos cosas. Primero, que expresen una fe positiva para con el Señor: "En el nombre del Señor Jesucristo, acepto cada propósito que tenga mi Señor para permitir que experimente esta feroz batalla contra Satanás. Deseo aprovechar y aprender todo el propósito de mi Señor en este conflicto." Segundo, una expresión negativa, un rechazo del propósito de Satanás: "En nombre del Señor Jesucristo y por el poder de Su sangre rechazo todo propósito de Satanás y de su reino al afligirme con este conflicto. Ordeno a cada espíritu malvado detrás de esta aflicción que deje mi presencia y que se vaya a donde lo mande el Señor Jesucristo."

A veces, cuando estamos bajo aflicción por causa del enemigo, nuestro único deseo es ver el final de la experiencia. ¡Cuántas veces me ha llamado gente pidiendo una fórmula rápida de liberación instantánea! Es penosamente difícil pero eminentemente necesario para los que padecen esta aflicción que recuerden que han de tener presente la soberanía del Señor. A veces es intención del Señor liberar de inmediato a la persona, pero en otras ocasiones puede que esté en Su plan soberano que la batalla sea prolongada. El acatamiento a nuestro Señor es siempre de la mayor importancia en cuestiones espirituales. Es Su voluntad la que tiene que ser cumplida, no la nuestra. Es a menudo en las experiencias más penosas de nuestra vida que crecemos al máximo.

Aunque he perdido la referencia, recuerdo haber leído una historia contada por Festo Kivengere, el famoso Obispo anglicano de Uganda. Durante el regimen dictatorial de Idi Amín en Uganda, muchos ugandeses eran ejecutados por los más leves delitos —reales o imaginados— contra el gobierno. Muchos de los ejecutados eran cristianos ugandeses.

Mientras ataban a un creyente a un árbol para ser ejecutado por un pelotón de ejecución, pidió permiso para hablar a sus atormentadores. "¡Os amo, y amo mi país! Mientras muero, quisiera cantaros a vosotros." Sonrió, y las palabras de su cántico brotaron con una serena certidumbre. "De mi servidumbre, dolor y noche, vengo, Jesús, vengo, Jesús." Mientras cantaba este himno, sonaron los disparos y murió, pero murió como un invencible cristiano. Él fue "más que vencedor". No fue nada más que un vencedor.

Mientras estaba pastoreando en el sur de California, recibí la triste noticia de un trágico accidente involucrando a algunos queridos amigos nuestros. Tim y yo habíamos servido juntos como pastores vecinos en otro estado durante casi doce años. Habíamos entablado una estrecha amistad, sirviendo en la misma denominación, compartiendo gozos y cargas. Éramos compañeros de oración. Fue un golpe saber lo sucedido. Un conductor ebrio había atravesado la línea divisoria y chocado de frente contra el pequeño automóvil que conducía Tim. Su mujer murió en el acto, y Tim se encontraba en estado muy crítico.

Podía sentir la tristeza y el dolor de Tim. Mientras me dirigía a la unidad de cuidados intensivos del hospital, me preguntaba a mí mismo qué iba a decir. ¿Qué podría comunicarle que ministrara a alguien dolido y aplastado por una pérdida personal y por un sufrimiento físico tan grandes? Tim y su mujer se querían tanto. El suyo había sido un brillante ejemplo de un matrimonio cristiano en su mejor aspecto.

Me dirigí a la cama de Tim, y observé el complicado equipo de sostén vital. La enfermera me explicó la gravedad de la condición de Tim y me pidió que mi visita fuera breve. Me llenaban las lágrimas al encontrarse mis ojos con los de Tim. Tratando de controlar mis emociones, tomé su mano ilesa en la mía y la sostuve sólo unos instantes. Finalmente reuní fuerzas para hablarle. "Tim, lo siento muchísimo. Te amo de verdad." Aunque no podía hablar con su voz, sus ojos y rostro hablaban elocuentemente. Aquel resplandor de fe y aquella sonrisa de confianza que había conocido yo tan bien seguían saludándome. Algo irradiaba desde dentro de él. Era como un fuego resplandeciente. Yo había llegado para consolar a Tim con unas pocas promesas de las Escrituras, una palabra de amor y una oración de apoyo. Sin embargo, en aquel momento el ministerio del Espíritu Santo fluyó desde su vida para ministrarme a mí. Estaba pasando a través de aquella tragedia como "más que vencedor". Estaba experimentando lo que es ser invencible. Salí sabiendo que se recuperaría y que continuaría manifestando la fuerza del invencible pueblo de Dios. También él era sólo un vencedor.

El apóstol Pablo corona su epístola a los Efesios estableciendo cuatro claves de la fortaleza que capacitan a los creyentes para ser siempre vencedores. No importa cuán fiera sea la batalla, ni cuanta presión pueda aplicar Satanás, ni cuanto pueda parecer distinto desde la perspectiva humana, seguiremos triunfantes mientras empleemos lo que Dios ha provisto.

CUATRO CLAVES PARA LA VICTORIA SOBRE SATANÁS

Las cuatro claves son: (1) la unión del creyente con Cristo, (2) la Persona del Espíritu, (3) toda la armadura de Dios, y (4) el papel vital de la oración total. Consideraremos cada una de estas con mayor detalle en capítulos posteriores, pero parece vital establecerlas ya de manera temprana en nuestro pensamiento.

"Por lo demás, hermanos míos, fortaleceos en el Señor" (Efesios 6:10a). Nuestra fortaleza y certidumbre de victoria se centran en estar "en el Señor". Nuestro vínculo indestructible con toda Su persona y obra nos asegura que no vamos a ser otra cosa más que vencedores. "Por lo demás . . . fortaleceos . . . en el poder de su fuerza" (Efesios 6:10b). Así como la primera frase habla de la total Persona y obra del Señor Jesucristo, así la segunda frase habla de la Persona y obra del Espíritu Santo. Las palabras finales del Señor Jesucristo a Sus discípulos se centraron en el origen del poder en la vida de un creyente: "Pero recibiréis poder, cuando haya venido sobre vosotros el Espíritu Santo" (Hechos 1:8). Es por medio del Espíritu Santo que experimentamos "el poder de su fuerza". Tendremos que comprender cómo apropiarnos, en nuestro conflicto, de la Persona y obra del Espíritu Santo.

La tercera clave es el equipamiento con toda la armadura de Dios tanto para protección como para proyección.

"Vestíos de toda la armadura de Dios, para que podáis estar firmes contra las asechanzas del diablo" (Efesios 6:11). Cada parte de la armadura tiene una parte singular y estratégica que jugar para asegurar y mantener la victoria del creyente. Los creyentes victoriosos mantendrán un creciente aprecio por la armadura a lo largo de sus vidas. Tenemos que familiarizarnos con nuestra armadura.

La cuarta clave tiene una importancia peculiar por cuanto es el medio por la que el creyente se apropia de las otras tres. "Orando en todo tiempo con toda oración y súplica en el Espíritu, y velando en ello con toda perseverancia y súplica por todos los santos" (Efesios 6:18). No conozco ninguna forma de apropiarnos de nuestra unión con Cristo aparte del uso de la oración. La Persona y la obra del Espíritu Santo en nuestras vidas diarias están tan relacionadas con la oración como el aire lo está con la respiración. El Espíritu Santo no fuerza Su dominio y poder en nuestras vidas. Espera a ser invitado a manifestar la fuerza de Su poder por medio de nosotros. La práctica de la oración es totalmente esencial para revestirnos de la armadura. Estudiaremos más a fondo el uso de la oración y su esencial papel para asegurar que como creyentes permanezcamos victoriosos.

CENTRADO EN DIOS

Amante Padre celestial, capacítame Tú para mantener todas las cosas dentro de la perspectiva de tu soberanía. Concédeme la sabiduría de saber que la fiereza del conflicto no es evidencia de derrota. Ayúdame a agradecerte y a alabarte por tu propósito en cada fase de la batalla. Rechazo todo el propósito de Satanás en su ataque contra mí, pero acepto todo tu plan y propósito soberanos. Te doy las gracias por lo que estás haciendo al permitir que el reino de Satanás guerree contra mí. Emplea esta batalla para afinarme, profundizarme, madurarme, humillarme, y edificar mi fe.

Concédeme el conocimiento y la comprensión para conocer mi victoria. Deseo que las raíces de mi certidumbre de victoria se hundan profundamente en las esenciales doctrinas de tu Palabra. Quiero verme como invenciblemente fuerte por mi unión con Cristo, la Persona y obra del Espíritu Santo, la totalidad de la armadura con que me has provisto, y por la integralidad de la oración. Enséñame a conocer cómo apropiarme de mi victoria en una acción práctica diaria. Te pido estas cosas en el nombre de mi Señor Jesucristo. Amén.

3
La unión del creyente con Cristo

Por lo demás, hermanos míos, fortaleceos en el Señor, y en el poder de su fuerza. (Efesios 6:10)

Ésta es una orden dada por un capitán instruido en la guerra, el apóstol Pablo, una palabra enérgica dada por el Espíritu Santo a soldados cristianos que se están enfrentando contra un poderoso enemigo. ¡Y qué orden es ésta! El uso del imperativo griego hace de este término una orden que hemos de obedecer. El propósito es que seamos invencibles en nuestra guerra. Y no deberíamos conformarnos con nada menos.

En Romanos 8, después de revelar la elevada posición del creyente —ha sido predestinado, llamado, justificado y glorificado— Pablo declara dramáticamente la fuerza invencible del creyente en la guerra. "¿Qué, pues, diremos a esto? Si Dios es por nosotros, ¿quién contra nosotros?" (Romanos 8:31). La respuesta que espera de nuestra parte es un grito de victoria. "¡Nadie en absoluto!" Ni el mismo Satanás puede triunfar contra creyentes que conozcan su terreno de victoria. Pocos versículos después Pablo vuelve a formular la certidumbre de la victoria: "Antes, en todas estas cosas somos más que vencedores por medio de aquel que nos amó. Por lo cual estoy seguro de que ni la muerte, ni la vida, ni ángeles, ni principados, ni potestades, ni lo presente, ni lo por venir, ni lo alto, ni lo profundo, ni ninguna otra cosa creada nos podrá separar del amor de Dios, que es en Cristo Jesús Señor nuestro" (Romanos 8:37-39).

No es cosa extraña que este hombre que conocía la fuerza que era suya pudiera decir: "Todo lo puedo en Cristo que me fortalece" (Filipenses 4:13). Sabía que era invencible en la batalla. Todo lo que se interponía en el camino de la voluntad de Dios para su vida había de ser removido: Satanás, los demonios, y todo otro poder.

El conocimiento de que somos espiritualmente invencibles en el cumplimiento de la voluntad de Dios para nuestras vidas constituye un prerrequisito necesario para la eficaz oración guerrera. Satanás es un mentiroso muy efectivo. No se ahorra ninguna sutil táctica para tratar de intimidar a los creyentes y convencerles de que son débiles. Satanás quiere que pensemos que estamos inermes ante su asombroso poder. Y a no ser que conozcamos la base bíblica de nuestra invencible posición, indudablemente conseguirá convencernos de que no podemos resistir a sus asaltos.

Hace algunos meses vino a verme un hombre que estaba enzarzado en una intensa batalla con los poderes de las tinieblas. Le habían estado atormentando durante muchos años de muchas maneras. Tenía a menudo horribles pesadillas llenas de violencia sádica o de viles orgías sexuales. Durante las horas de vela oía crueles veces apremiándole a cometer acciones abominables que repugnaban a su sensible espíritu cristiano. En otras ocasiones experimentaba un dolor físico que parecía causado por los poderes de las tinieblas. Los cuidados y orientación psiquiátricos no habían podido aliviarle de su tormento.

Cuando le aconsejé, intenté conducirle a resistir agresivamente los ataques sobre la base de su propia autoridad espiritual como cristiano. El creyente debe resistir el ataque sin temor y agresivamente empleando una aproximación de este tipo:

"En el nombre del Señor Jesucristo, vengo contra el poder de las tinieblas que originan estas voces sugiriéndome estas acciones abominables. [*Cerciórate de nombrar todos los síntomas que estés experimentando.*] Vengo contra vosotros en el poder de mi unión con el Señor Jesucristo, y por medio de Su preciosa sangre os resisto. Ato todo vuestro reino a vosotros. [*Los espíritus malvados están estructurados de manera muy semejante a una organización militar con líderes y otros que siguen las órdenes de los líderes.*] Os ato para que no obréis, y os mando a vosotros y a vuestro reino que me dejéis y que vayáis a donde os envíe el Señor Jesucristo."

La primera vez que le sugerí esta aproximación al hombre, su respuesta fue: "Oh, tengo miedo de hacer esto. Satanás podría abrumarme. No soy muy fuerte espiritualmente, y no creo que me atrevería nunca a hablar así contra Satanás."

Éste es un ejemplo clásico de cómo Satanás nos lleva a creer sus mentiras. Este hombre tenía un concepto inadecuado de su posición bíblica. No conocía su verdadera autoridad. No veía su posición como fuerte e inexpugnable. Por medio del estudio de la Palabra y de un paciente aliento, pudo al final llegar a reivindicar su victoria. Cuando lo hizo, el problema comenzó de inmediato a cesar.

Es importante que nuestra visión de invencibilidad repose sobre la sólida verdad de la Palabra de Dios. Nuestra autoridad ha de tener una base bíblica. Un valor presuntuoso que se origine en alguna creencia errónea no sólo perderá muchas batallas, sino que es también muy peligroso. La batalla que afrontamos no es una escaramuza. Cuando hablamos de ser invencibles y de que podemos derrotar el reino de Satanás, no hemos de dejar que este conocimiento nos lleve al descuido. Nuestra invencibilidad sobre el reino de Satanás no significa que su poder no sea después de todo tan grande. Tenemos que recordar siempre que el poder de Satanás sólo es inferior al del mismo Dios. En Judas 8 y 9 se nos advierte que nunca tratemos a la ligera el poder de nuestro enemigo. "De la misma manera también estos soñadores mancillan la carne, rechazan la autoridad y blasfeman de las potestades superiores. Pero cuando el arcángel Miguel contenía con el diablo, disputando con él por el cuerpo de Moisés, no se atrevió a proferir juicio de maldición contra él, sino que dijo: El Señor te reprenda" (Judas 8-9).

Los siete hijos de Esceva, un príncipe de los sacerdotes, aprendieron esta lección de una manera dolorosa. Mientras Pablo estaba en Éfeso, estos usurpadores trataron de emplear la fórmula de Pablo sin conocer la verdad subyacente a la misma. Tratando de enfrentarse a los malos espíritus, dijeron: "Os conjuro por Jesús, el que predica Pablo" (Hechos 19:13). Y sufrieron unas consecuencias muy penosas: "Pero respondiendo el espíritu malo, dijo: A Jesús conozco, y sé quién es Pablo; pero vosotros, ¿quiénes sois? Y el hombre en quien estaba el espíritu malo, saltando sobre ellos y dominándolos, pudo más que ellos, de tal manera que huyeron de aquella casa desnudos y heridos" (Hechos 19:15-16).

VALOR EN CRISTO

El creyente necesita valor. No ha de ser temeroso; sin embargo, es necesario que se cerciore de que su valor reposa sobre aquello que realmente le vuelve invencible. En Efesios 6:10 se dice: "Fortaleceos en el Señor". Esta pequeña frase *en el Señor* es una de las más importantes que jamás llegaremos a comprender. Es la piedra angular de nuestro conocimiento de que somos invencibles en la guerra espiritual.

Las frases *en el Señor, en Cristo*, o sus equivalentes, aparecen más de cuarenta veces sólo en el libro de Efesios. Esta repetición nos hace conscientes de que no se trata simplemente de un cómodo cliché.

Cada cristiano está inseparablemente unido con el Señor Jesucristo. Somos puestos por Dios en unión con Su Persona y obra. La obra de Cristo pertenece a cada creyente en virtud de una unión íntima. Segunda de Corintios 5:17 afirma de manera concisa y decisiva: "De modo que si alguno está en Cristo, nueva criatura es; las cosas viejas pasaron; he aquí todas son hechas nuevas." Que estamos "en Cristo" es una realidad doctrinal, una verdad absoluta que le otorga al creyente una nueva posición. La antigua esclavitud y el temor a Satanás han quedado quebrantados. Toda la victoria de Cristo ha sido hecha nuestra.

¿Qué significa estar "en Cristo"? ¿Qué hay en esta relación que nos hace invenciblemente fuertes? ¿Cómo podemos emplear esta verdad en la oración guerrera? ¿Cómo puede hacer victoriosa nuestra resistencia a Satanás?

Primero, estar "en Cristo" significa que estamos en la poderosa victoria del *nombre* del Señor Jesucristo. ¡Qué gran fuente de poder es Su nombre para la victoria! Filipenses 2:9-11 nos comunica algo del poder que podemos tener al estar en Su nombre.

> Por lo cual Dios también le exaltó hasta lo sumo,
> y le dio un nombre que es sobre todo nombre,
> para que en el nombre de Jesús se doble toda rodilla
> de los que están en los cielos, y en la tierra, y debajo de la
> tierra;
> y toda lengua confiese que Jesucristo es el Señor,
> para gloria de Dios Padre.

Su nombre es "sobre todo nombre"; esto nos habla de un lugar seguro e inexpugnable. "Se doble toda rodilla", esto será en sometimiento al poder de este nombre. El mismo Satanás y todo su reino quedan incluidos ahí.

Es importante orar a diario por la seguridad y fuerza de Su nombre sobre tu vida personal, sobre tu familia, y sobre el llamamiento de Dios sobre tu vida. Es en el nombre del Señor Jesucristo que somos fuertes e invencibles.

Estar "en Cristo" significa también que estamos unidos a Cristo en toda la victoria que Él ha alcanzado en Su obra de la redención. En el momento de la conversión, Dios establece al creyente en toda la victoria que Cristo logró en *Su encarnación*. Una de las verdades más asombrosas acerca de la obra redentora de Cristo es que en Su persona el mismo Dios se hizo hombre. La humanidad de Cristo se levanta como una de las grandes maravillas de la eternidad. Fue en

Su forma encarnada, como uno de nosotros, que nuestro Señor Jesucristo logró nuestra redención y derrotó totalmente al reino de las tinieblas (Hebreos 2:14-15).

Se dice en Primera de Juan 4:2-3: "En esto conoced el Espíritu de Dios: Todo espíritu que confiesa que Jesucristo ha venido en carne, es de Dios; y todo espíritu que no confiesa que Jesucristo ha venido en carne, no es de Dios; y este es el espíritu del anticristo, el cual vosotros habéis oído que viene, y que ahora ya está en el mundo."

La verdad concerniente a la entrada de Dios en el mundo en la Persona de Cristo, la verdad de que Dios estaba en Cristo, de que el mismo Dios se hizo hombre, es una gran derrota, una amenaza devastadora para el reino de Satanás. Juan nos dice que es una verdad tan amenazante y devastadora para el reino de las tinieblas que los seres caídos no quieren admitir abiertamente que Jesucristo ha venido en carne humana.

La victoria sobre Satanás nos pertenece por nuestra unión con el Cristo que se encarnó. Es experimentada por aquellos que se apropian y emplean esta poderosa verdad contra nuestro enemigo. ¿No puedes ver lo desastroso que es para tu adversario si enfocas contra Satanás y su reino la verdad de tu unión con el Cristo que se encarnó? Nuestra esperanza del favor y bendición de Dios sobre nosotros mientras vivimos aún sobre esta tierra está singularmente relacionada con la verdad de que somos incluidos en la perfecta dignidad de Cristo Hombre. Él siempre vivió una vida humana digna de las mejores bendiciones de Dios. Aunque tentado en todo, permaneció sin pecado. Siempre estuvo en comunión con el Padre celestial, siempre absolutamente santo y digno de lo mejor de parte de Dios. Al andar por este mundo, la dignidad de Su vida humana nos pertenece. Es nuestra. Dios nos ve en Él. No esperamos a diario las multiformes bendiciones de Dios por lo buenos y eficaces que seamos *nosotros* al vivir una vida perfecta. No, esperamos Sus bendiciones porque nuestro encarnado Salvador vivió una vida perfecta y digna, y estamos ahora "en Cristo".

Estar "en Cristo" significa también que estamos en la obra y victoria ganadas por *Su muerte*. Los sufrimientos y la muerte de nuestro Señor Jesucristo son igualmente vitales para nuestra posición invencible de victoria en la oración guerrera. "Así que, por cuanto los hijos participaron de carne y de sangre, él también participó de lo mismo, para destruir por medio de la muerte al que tenía el imperio de la muerte, esto es, al diablo, y librar a todos los que por el temor

de la muerte estaban durante toda la vida sujetos a servidumbre"
(Hebreos 2:14-15).

En el plan de la redención, Dios pone a los creyentes en la muerte
de Cristo, con toda su victoria sobre nuestros enemigos. A nosotros
nos toca aferrarnos activamente a nuestra unión con Cristo en su
muerte y aplicarla como una parte de nuestra responsabilidad en una
guerra en la que somos invencibles. Esto nos es comunicado en
pasajes como Romanos 6:11-12: "Así también vosotros consideraos
muertos al pecado, pero vivos para Dios en Cristo Jesús, Señor nuestro.
No reine, pues, el pecado en vuestro cuerpo mortal, de modo que lo
obedezcáis en sus concupiscencias". El hecho de que se nos manda
que no dejemos reinar el pecado en nuestros cuerpos mortales
constituye una evidencia de que incluso los creyentes pueden
encontrarse con este problemas. Si los creyentes no se apropian y
aplican su unión con Cristo en Su muerte, el pecado, en sus varias
expresiones, reinará. Somos responsables de "considerarnos", de
afirmar como verdad, que estamos muertos al reinado del pecado.
Estamos unidos con Cristo en Su muerte. Debido a este hecho doctrinal
estamos muertos al reinado del pecado, pero vivos al reinado de
Dios.

La cruz y la sangre de nuestro Salvador son una gran amenaza
para el reino de Satanás. En la cruz, Jesucristo anuló el reino de
Satanás. Cuando los creyentes aplican de manera agresiva la muerte
de Cristo, reivindicando todos sus beneficios para sus vidas personales,
para sus familias, y para su ministerio para el Señor, también ellos se
vuelven invencibles con Cristo en Su muerte. "Y despojando a los
principados y a las potestades, los exhibió públicamente, triunfando
sobre ellos en la cruz" (Colosenses 2:15).

Estar "en Cristo" sugiere una victoria adicional en tanto que significa
que estamos en Su resurrección. El mismo poder de la fuerza que
resucitó a nuestro Señor Jesucristo del sepulcro nos pertenece y es
nuestro. No es de extrañar que mucho tiempo después que hubiera
llegado a ser creyente, Pablo escribiera así a los Filipenses: "A fin de
conocerle, y el poder de su resurrección, y la participación de sus
padecimientos, llegando a ser semejante a él en su muerte, si en
alguna manera llegase a la resurrección de los muertos"
(Filipenses 3:10-11).

Estar "en Cristo" tiene una adicional aplicación al hecho de que
estamos sentados con Cristo en lugares celestiales. "Y juntamente
con él nos resucitó, y asimismo nos hizo sentar en los lugares

celestiales con Cristo Jesús" (Efesios 2:6). Después de Su resurrección, el Señor Jesucristo fue

> sentado a su diestra en los lugares celestiales, sobre todo principado y autoridad y poder y señorío, y sobre todo nombre que se nombra, no sólo en este siglo, sino también en el venidero; y sometió todas las cosas bajo sus pies, y lo dio por cabeza sobre todas las cosas a la iglesia, la cual es su cuerpo, la plenitud de Aquel que todo lo llena en todo. (Efesios 1:20-23)

La ascensión de Cristo a la gloria fue el momento culminante de Su triunfo consumado, una imagen de Su victoria suprema "sobre todo principado y autoridad". Sentados allí con Cristo, nuestra posición "en Cristo" es una verdad que demuestra nuestra autoridad "en el Señor" para resistir al diablo y derrotarle. Estamos unidos con Cristo en toda Su autoridad y poder en Su ascensión.

Se debe hacer hincapié en un pensamiento final. Ser fuerte, invencible "en el Señor", significa que conocemos y aplicamos la verdad de que estamos unidos con Cristo en Su condición de vigilante *cabeza* sobre Su iglesia. Él es nuestro gran Sumo Sacerdote y el glorificado Pastor de Sus ovejas. ¡Qué hermoso poder saber que estamos unidos a nuestro Salvador viviente, que está edificando Su iglesia; sabiendo que "Él dijo: No te desampararé ni te dejaré; de manera que podemos decir confiadamente: El Señor es mi ayudador; no temeré" (Hebreos 13:5-6).

Hay mucho en estas pequeñas frases *en Cristo* y *en el Señor* para ayudarnos a conocer que es voluntad de Dios que seamos invenciblemente poderosos. El rugido de Satanás nunca tiene por qué atemorizarnos si estamos "en Cristo".

Una mujer me contó una fascinadora historia que ilustra la naturaleza de nuestra invencible lucha cuando la aplicamos agresivamente.

Durante su juventud, ella había asistido a un buen instituto bíblico superior, donde recibió un buen fundamento de conocimiento bíblico. En años posteriores, mientras criaba a su familia, admitió que su fe llegó a ser más la práctica de un hábito que una actividad vital de andar cada día con Cristo. Aunque era una participante activa en una iglesia que predicaba la Biblia, carecía de una relación cálida y consistente con su Señor. Llegó a ser una cristiana "institucional". Un cristianismo profesional así puede conducir muchas veces a un desastre, como le sucedió con ella.

Su relación con su marido dejaba mucho que desear. Sus tres hijos adolescentes se dirigían al desastre. Su hijo mayor estaba irremediablemente atrapado por la droga y andaba errante sin meta alguna. Su hija adolescente estaba involucrada en una relación con un hombre casado, y rehusaba toda advertencia contra los peligros y tragedias del curso de vida que había emprendido. Su hijo más joven, todavía en el instituto, había emprendido el mismo rumbo que su hermano mayor. Esta madre cristiana estaba desesperada y no sabía qué podía hacer para remediar la tragedia de su vida y la de su familia.

Me llamó un día para decirme que había leído *El Adversario*. El reto a practicar la oración doctrinal tal como se establece en aquel libro había movido su corazón. Comenzó a concentrar esta oración sobre su hogar e hijos. Cinco meses después me estaba llamando para compartir conmigo los resultados.

Su hijo mayor había renunciado a su implicación con las drogas, y estaba haciendo planes para ingresar en un instituto bíblico superior. Su hija había puesto fin a sus relaciones con el hombre casado y estaba próxima a prometerse con un cristiano consagrado. Su hijo más joven había renovado su entrega a Cristo y estaba tomando una parte activa en el liderazgo de su grupo juvenil en la iglesia. Con gozo, compartió otros dramáticos resultados espirituales que Dios estaba trayendo a su vida y hogar. Aunque la oración doctrinal no siempre produce unos resultados tan dramáticos, presento este relato como un testimonio muy evidente de los beneficios prácticos de una visión de ser invencible en la oración guerrera. Si dirigimos la victoria de Cristo sobre nuestras vidas personales, sobre nuestras familias y sobre nuestra singular área de ministerio, segaremos siempre unos frutos significativos. Antes de terminar este capítulo, quiero compartir una oración que se centra en nuestra relación "en Cristo".

REIVINDICANDO NUESTRA UNIÓN

Amante Padre celestial, alabo tu nombre. He llegado a ver que es tu voluntad que yo sea invenciblemente poderoso en mi guerra espiritual. Te alabo, Señor, por haberme puesto "en Cristo". Por la fe, expreso mi deseo de permanecer en la protección y bendición del poderoso nombre del Señor Jesucristo. Ruego el omnipotente poder de Su nombre sobre mi familia y el ministerio al que me has llamado. Ruego el nombre del Señor Jesucristo contra Satanás y todo lo que su reino quisiera hacer para obstaculizar el plan de Dios para mi vida.

Centro mi oración en mi unión con Cristo que se encarnó. Confieso gozoso que Jesucristo ha venido en carne humana para lograr la victoria por mí. Pido en oración todos los triunfos del Señor Jesucristo alcanzados en Su humanidad contra todas las sutiles añagazas de Satanás y sus astutos engaños. Pido en oración las victorias de la encarnación sobre todas las áreas de mi vida y ministerio.

Te alabo por la cruz y muerte del Señor Jesucristo, deseando que todos los beneficios de Su muerte se centren sobre mi vida, mi familia y mi ministerio. Declaro que mi muerte con Cristo puede derrotar el control y reinado del pecado, de la muerte y de Satanás. Deseo que la sangre derramada de Cristo vaya en contra de todo lo que Satanás está haciendo para estorbarme.

Anhelo aprender más profundamente lo que significa experimentar el poder de Su resurrección. Así como deseo estar muerto al reinado del pecado, así anhelo vivir de acuerdo con el hecho de que estoy vivo para Dios por el poder de la resurrección. Capacítame, en el poder de la fuerza que resucitó al Señor Jesucristo de los muertos, a caminar en la novedad de vida que está a mi disposición.

Padre celestial, siempre será para mí una maravilla que Tú me hayas sentado con Cristo en el reino celestial, por encima de todo principado y autoridad. Humildemente, empleo la autoridad de mi unión en ascensión con Cristo para derribar todos los planes que Satanás ha maquinado personalmente contra mí, todos sus planes que ha maquinado contra mi familia, y todos sus planes maquinados contra el plan que Dios ha dispuesto para mi vida.

Gracias te doy, Señor Jesucristo, que en tu posición glorificada a la diestra del Padre, estás conduciendo a tu iglesia y pastoreando tus ovejas. Me someto expresamente al señorío que tienes sobre mi vida y ministerio. Reconozco que todo lo que es bueno en mi vida, hogar y ministerio se debe a tu señorío y bendición llena de gracia.

Por fe reivindico mi derecho invencible a ser fuerte y victorioso en tu salvación consumada. Rehúso desalentarme. Rechazo todas las emociones que me llevan a sentirme derrotado. Escojo vivir como uno que es más que vencedor por medio de Jesucristo mi Señor. En nombre de mi Señor Jesucristo, oro a ti con acción de gracias. Amén.

4
La Persona del Espíritu Santo y Su inmenso poder

Mirad, pues, con diligencia cómo andéis, no como necios, sino como sabios, aprovechando bien el tiempo, porque los días son malos. Por tanto, no seáis insensatos, sino entendidos de cual sea la voluntad del Señor. No os embriaguéis con vino, en lo cual hay disolución; antes bien sed llenos del Espíritu, hablando entre vosotros con salmos, con himnos y cánticos espirituales, cantando y alabando al Señor en vuestros corazones; dando siempre gracias por todo al Dios y Padre, en el nombre de nuestro Señor Jesucristo. (Efesios 5:15-20)

Por lo demás, hermanos míos, fortaleceos en el Señor, y en el poder de su fuerza. (Efesios 6:10)

Varios biógrafos de D. L. Moody dan un relato de qué es lo que vino a ser un punto de inflexión significativo en su ministerio eficaz para Dios. Moody había estado predicando durante varios años. Estaba en gran demanda como orador. Fue fundador y director de una de las escuelas dominicales de crecimiento más rápido y más eficaces en Chicago. Su ministerio atrajo incluso la atención y curiosidad de Abraham Lincoln, que insistió en visitar la escuela dominical de Moody en una de sus visitas a Chicago. La influencia y el ministerio de Moody se estaban proyectando más y más, pero tenía un área débil que había de llegar a reconocer.

Después de una de las reuniones evangelísticas del señor Moody, se quedaron dos señoras un rato para hablar con él. "Hemos estado orando por usted", le dijeron, implicando que veían una necesidad de oración por su vida y ministerio.

Esta clara afirmación incomodó a Moody. "¿Y por qué no oran por los oyentes?", les preguntó, de manera más bien brusca.

"Porque usted necesita el poder del Espíritu Santo", le respondieron ellas.

Tocado en su amor propio, Moody respondió: "¿*Yo* necesito el poder?"

49

Pero aquellas dos damas asumieron la carga de parte del Señor de orar que el señor Moody fuera investido con el poder del Espíritu Santo. Se las veía frecuentemente en las primeras filas de sus reuniones, evidentemente muy dadas a la oración. Al principio, Moody reaccionó con irritación, pero su sincero corazón pronto comenzó a responder de una manera positiva. Al cabo de poco tiempo, el clamor de su propio corazón era ser investido de poder. Reunía frecuentemente a un grupo para medio día de oración. "Gemía y lloraba delante de Dios" pidiendo ser investido por el Espíritu.

Luego sucedió algo singular en una habitación de un hotel en la ciudad de Nueva York. La biografía autorizada de Moody por su hijo William Moody cita al evangelista diciendo:

> Estaba clamando todo el tiempo que el Señor me llenara con Su Espíritu. Bien, pues un día, en la ciudad de Nueva York —¡qué día!— no puedo describirlo, apenas si me refiero a él; es una experiencia casi demasiado sagrada para mencionarla; Pablo tuvo una experiencia de la que nunca habló por espacio de catorce años.
>
> Sólo puedo decir que Dios se me reveló, y que tuve tal experiencia de Su amor que tuve que pedirle que detuviera Su mano. Volví a predicar. Los sermones no eran diferentes. No presenté ningunas nuevas verdades, y sin embargo se convertían a cientos. No quisiera volver a ser llevado a atrás, antes de aquella bendita experiencia, aunque me dierais todo el mundo. Sería como el polvo en el platillo de la balanza.[1]

Otro biógrafo dice: "Parece que Dios respondió de una manera poderosa las oraciones de estas dos mujeres, porque en esta ocasión su vida cambió considerablemente desde la de un predicador joven, algo arrogante y orgulloso, a la de un predicador gentil y de corazón tierno, que revelaba callada pero ricamente . . . la convincente enseñanza del gran amor de Dios por los hombres en todo lugar, tal como se revela en la Biblia."[2]

El hecho de dar a la Persona y obra del Espíritu Santo un lugar en su vida produjo cambios en el ministerio del señor Moody. Encontró un nuevo poder y eficacia para arrebatar a las gentes de la esclavitud de Satanás. Walter Knight escribe acerca de la consiguiente efectividad de una de las reuniones de Moody en Londres. Predicó a 5.000 personas, muchas de las cuales eran profesos ateos, agnósticos y librepensadores.

---

1. William R. Moody, *Life of D. L. Moody* (Kilmarnock, Escocia: John Ritchie, s/f), pág. 66.

2. Harry J. Albus, *A Treasury of Dwight L. Moody*, (Grand Rapids: Eerdmans, 1949), pág. 35.

La incredulidad estaba tan de moda que se habían organizado unos clubes especiales por todo Londres para impulsar el compañerismo entre los que habían rechazado la fe. Estos acudían a las reuniones de Moody con mentes cínicas y miradas escarnecedoras. Moody se sentía tentado a quedarse intimidado por estos eruditos y escarnecedores escépticos, pero en lugar de ello reivindicó la fuerza del poder del Espíritu Santo. Predicaba la Palabra de Dios con gran fervor y convicción.

Knight cita la valoración que hizo el mismo Moody del resultado de estas reuniones:

> En un instante, el Espíritu Santo se lanzó sobre estos enemigos de Jesucristo. Más de quinientos de ellos se levantaron. Con lágrimas, clamaron: "¡Sí!, ¡Acudiré a Cristo!" Rápidamente se dio fin a la reunión para que comenzara el trabajo personal. Desde aquella noche hasta el final de la semana, casi dos mil hombres fueron ganados de las filas de Satanás a la hueste del Señor. Lo duradero del carácter de lo que tuvo lugar quedó evidenciado por el cierre de sus clubes ateos!"[3]

D. L. Moody devino uno de los más poderosos proponentes de la cristiandad de la necesidad de la Persona y de la obra del Espíritu Santo en las vidas de los creyentes. Sabía cuán dramática podría ser la victoria sobre el pecado y Satanás cuando se estuviera lleno del poder de la fuerza del Espíritu. Evitó con gran cuidado los excesos que en ocasiones han caracterizado el énfasis sobre el ministerio del Espíritu Santo. Sin embargo, el señor Moody estuvo siempre dispuesto a proclamar la verdad de que los creyentes han de ser llenados con el Espíritu. Los miles y miles de personas ganadas a Cristo durante su predicación evangelística fueron el resultado de la unción del Espíritu. Las reuniones de avivamiento que a veces prosiguieron durante semanas con las predicaciones que Moody daba cada noche son también testigo de este poder.

Ser lleno del poder del Espíritu Santo sigue siendo la clave de toda victoria espiritual y de todo servicio cristiano. La gran importancia que le da la Escritura a la doctrina del Espíritu Santo es indudablemente la razón de que haya tanta confusión entre los creyentes acerca de esta cuestión. Tanto el intelectualismo racional como el emocionalismo excesivo han tendido a privar a los cristianos del maravilloso ministerio del Espíritu Santo en sus vidas. El reino de las tinieblas hace todo lo que puede para excluir a la Persona y la obra del Espíritu Santo de nuestra experiencia práctica.

---

3. Walter B. Knight, *Knight's Illustrations for Today* (Chicago: Moody Press, 1970), pág. 50.

EL PELIGRO DE BUSCAR MANIFESTACIONES ESPIRITISTAS

Por una parte, los cristianos se enfrentan al problema de un excesivo emocionalismo alrededor de muchas posturas acerca de la Persona del Espíritu Santo. Este tipo de énfasis acentúa a menudo con demasía la experiencia y las manifestaciones espiritistas en las que los poderes demoníacos están siempre listas a inmiscuirse. En su libro *What Demons Can Do to Saints* (Lo que los demonios pueden hacerles a los santos) el doctor Merrill Unger ha documentado varios de estos casos. Una ilustración la obtuvo de la esposa de un ministro bautista en Kansas. Ella le escribió describiéndole su salvación a los diez años de edad, y contándole acerca de la terrible servidumbre en que había caído bajo los poderes demoníacos. Lo que sigue es su propio relato:

Muchas veces, a lo largo de los siguiente veinte años, vino sobre mi alma una gran hambre de conocer mejor al Señor. No siendo una estudiosa de la Palabra de Dios, no comprendía de verdad la sencillez de la enseñanza de Dios de ser llena con el Espíritu y de andar en el Espíritu.

En 1967, una amiga me dio un libro acerca de hablar en lenguas. Mi vida espiritual estaba en un momento bajo, y yo estaba buscando ansiosamente a Dios. Sabía que estaba salvada, pero parecía tener el alma vacía.

Después de leer aquel libro, comencé a creer que la experiencia de las lenguas era necesaria para llenar el vacío espiritual. Durante seis años pedí la experiencia.

En 1973 enfermé. El deseo de una comunión más estrecha con el Señor y de tener el poder de Dios sobre mi vida se hizo más intenso que nunca antes. Leí varios libros acerca de las lenguas . . . y comencé a buscar a gente que tenía esta experiencia.

Mi marido, un ministro bautista y estudioso de la Palabra, me explicaba la enseñanza de las Escrituras acerca de esta cuestión, pero mi mente estaba ya decidida acerca de que las lenguas eran la evidencia última y la única fiable de estar lleno del Espíritu.

Entré en contacto con un ministro bautista carismático y recibí la imposición de manos, lo que condujo a una experiencia de lo más extática . . . indudablemente sobrenatural. Nunca había experimentado un sentimiento tan maravilloso: demasiado peculiar para ser meramente psicológico. Estaba segura de que nadie jamás se había sentido tan dichoso, satisfecho y lleno de gozo.

Las lenguas no me vinieron por aquella imposición de manos, pero seguí pidiéndolas. Llegaron dos meses después, acompañadas de acontecimientos inusitados.

Cada día traía una experiencia nueva y maravillosa. Las oraciones recibían respuesta, milagrosamente, y siempre en nombre de Jesús. Uno de los mayores engaños es el de "los espíritus de otro Jesús", que no confiesan a Jesucristo como Salvador y Señor (1 Jn. 4:2; 2 Co. 11:4).

En aquel tiempo, nadie podría haberme hecho creer que Satanás podía producir estas cosas, aunque la Palabra de Dios advierte que él es el "príncipe de la potestad del aire" (Ef. 2:2).

La semana en que me vinieron las lenguas ocurrieron cosas extrañas dentro de mi cuerpo. Mi voluntad no tenía control sobre los acontecimientos, y yo no estaba haciendo nada para producirlos.

Algunas de las manifestaciones eran lascivas, y mi mente se turbó mucho, porque siempre venían después de las lenguas, que yo suponía eran producidas por el Espíritu Santo.

Las lenguas eran cosa nueva y entusiasmante, y las usé frecuentemente al principio. Sabía que los acontecimientos físicos eran demoníacos, pero pensaba que Satanás estaba tratando de derrotar la maravillosa experiencia del Espíritu Santo.

Me sentía llena de gloria por las lenguas, pero al mismo tiempo agonizaba bajo el constante mal que prevalecía. Me volví a mis amigos carismáticos después de un cierto tiempo buscando ayuda. Cada vez había la imposición de manos y la orden de que Satanás me dejara en paz.

Aunque las manifestaciones físicas nunca me dejaban, tenía, durante varios días, un alivio de la opresión mental.

Pedí por más lenguas, entrando más profundamente en la experiencia, buscando alejarme de Satanás. Cuando acababa la gloria del punto "alto" después de cada experiencia de lenguas, la presencia del mal se hacía más patente.

Muchas veces parecía que la estancia estaba totalmente llena de mal.

Varios meses después de haber recibido la experiencia de las lenguas y alternando cada día entre gloria y miseria, una voz suave y apacible me habló de manera clara, diciendo que las lenguas eran una forma de adoración satánica. Estando segura de que ésta era la obra del Espíritu Santo, me sentí horrorizada, aunque había sentido sospechas durante cierto tiempo.

Al irse acrecentando en mí la convicción de que estaba siendo controlada por Satanás, me decidí a resistirle. Siguió a esto un tormento indescriptible. Sufrí unos sueños y pesadillas aterrorizadores. Unas voces me decían que debía morir porque estaba corrompida, y que Dios ya no me usaría nunca.

A veces, desesperada con el temor de perder mi cordura y vida, cedía a las lenguas, que surgían dentro de mí. Seguía un gran alivio, hasta que volvía a negarles la expresión.

Muchas veces clamaba al Señor, reivindicando la sangre de Cristo. Pero cada vez era echada al suelo en convulsiones. Catorce meses después de recibir las lenguas estaba lista para suicidarme.

En un último clamor de ayuda, llamé a un muy querido amigo, ministro bautista, que sabía algo de estas operaciones satánicas en medio del pueblo de Dios. Él laboró y oró con mi marido y conmigo durante unos tres meses. Otros ministros oraron con nosotros, a veces durante varias horas a la vez.

Durante este tiempo vimos cómo el poder del Cristo resucitado se manifestaba contra el enemigo de una manera espectacular.

Aunque por ignorancia me había puesto bajo la influencia de los malvados poderes de Satanás, el Señor, en amor, siguió sacándome de las redes del enemigo.

Ha sido un largo camino de salida del reino de las tinieblas en el que había penetrado tan profundamente, pero la gracia del Señor Jesucristo ha sido suficiente para suplir cada necesidad.

Con esto no estoy atacando ni acusando a otros que hablen en lenguas. Sólo es un testimonio de lo que es cierto en mi experiencia personal como resultado de que mi mente fue corrompida de la simplicidad que es en Cristo (2 Co. 11:3).

Tengo muchos y queridos amigos en el movimiento Pentecostal-carismático, el deseo de los cuales es servir al Señor Jesucristo. Muchos de ellos predican el verdadero evangelio de salvación. Algunos de ellos llegaron a serme muy queridos durante aquellos tiempos de gran tensión, y tenían un sincero deseo de ayudarme y de alentarme.[4]

Este relato expresa uno de los peligros. Hay otro peligro, también. Un intelectualismo muerto, frío y no bíblico acerca de la Persona y obra del Espíritu Santo le da a Satanás una ventaja igual contra nosotros. La llamada "cristiandad institucional" ha sido blanco de la crítica en años recientes. Cuando el culto religioso queda reducido a una ceremonia muerta e impersonal, no es de extrañar que la gente busque en otras partes para el gozo de la vida. El programa de Satanás parece muy atractivo en contraste al monótono institucionalismo del que a menudo consiste la moderna adoración.

UNA PERSPECTIVA EQUILIBRADA DE LA LLENURA DEL ESPÍRITU

Casi todos los errores serios que han dividido y estorbado a la iglesia cristiana se han relacionado de alguna manera con una falta de equilibrio. Hay muchas verdades aparentemente paradójicas en las Escrituras que demandan una comprensión equilibrada. La soberanía de Dios y el libre albedrío del hombre son un ejemplo. La predestinación y la doctrina de la elección son entusiasmantes verdades doctrinales. Sin embargo, si ignoramos la enseñanza de la doctrina acerca de la oportunidad del hombre para la elección y su responsabilidad por su decisión, caeremos inevitablemente en problemas. La Palabra de Dios da un igual énfasis a ambas enseñanzas.

El equilibrio es la clave para el reconocimiento de la obra del Espíritu Santo para lograr la victoria. El ministerio del Espíritu Santo para con los creyentes tal como se establece en la Palabra de Dios tiene al menos siete aspectos. Se precisa de equilibrio para mantener estos ministerios en una perspectiva adecuada. Un énfasis excesivo sobre uno de los ministerios del Espíritu a costa de los otros comienza a destruir el equilibrio. El enemigo nos absorbe con temas que nos hacen salir por la tangente, robándonos nuestro tiempo y

---

4. Merrill F. Unger, *What Demons Can Do to Saints* (Chicago: Moody Press, 1977), págs. 81-84.

distrayéndonos de lo global. Al apropiarnos a diario del poder del Espíritu Santo, es útil mantener en mente los siete singulares ministerios del Espíritu.

El ministerio de convicción del Espíritu

> Pero yo os digo la verdad: Os conviene que yo me vaya; porque si no me fuese, el Consolador no vendría a vosotros; mas si me fuere, os lo enviaré. Y cuando él venga, convencerá al mundo de pecado, de justicia y de juicio. De pecado, por cuanto no creen en mí; de justicia, por cuanto voy al Padre, y no me veréis más; y de juicio, por cuanto el príncipe de este mundo ha sido ya juzgado. (Juan 16:7-11)

El ministerio de convicción del Espíritu Santo tiene su expresión primaria antes que lleguemos a conocer a Jesucristo como nuestro Señor y Salvador. El Señor Jesús les dijo a los murmuradores judíos en Juan 6:44: "Ninguno puede venir a mí, si el padre que me envió no le trajere; y yo le resucitaré en el día postrero." El Padre celestial nos atrae mediante Su Santo Espíritu, convenciéndonos de pecado, de la justicia de Dios, y de la certidumbre del juicio venidero. Aunque sólo tenía ocho años cuando me convertí a Cristo, la obra de convicción del Espíritu Santo sigue vívida en mi memoria. Sabía que era pecador y que necesitaba la salvación. El día de Pentecostés, después que el Espíritu Santo descendiera y que Pedro hubiera predicado su sermón, la convicción del Espíritu Santo estaba presente en poder. "Al oír esto, se compungieron de corazón, y dijeron a Pedro y a los otros apóstoles: Varones hermanos, ¿qué haremos?" (Hechos 2:37).

El Espíritu Santo toma la Palabra de Dios y la aplica a los corazones humanos. La culpa del pecado, la justicia de Dios, y la responsabilidad merecedora de juicio son apremiadas al corazón humano por el Espíritu Santo. Es así que los incrédulos llegan a conocer a Cristo como Señor y Salvador. Este ministerio del Espíritu está constantemente en operación en nuestro mundo.

Hay un sentido en el que el Espíritu Santo también trae la convicción a los creyentes si tienen pecados sin confesar en sus vidas. Es, sin embargo, una clase distinta de convicción. Viene como un llamamiento amante del Padre celestial a Sus hijos. No se centra en el juicio y en la ira sino en la comunión quebrantada y en la necesidad de una restauración de la relación (véase 1 Juan 1 y Hebreos 12:1-15).

Desafortunadamente, mucha de la llamada convicción en las vidas de los creyentes es en realidad una falsa culpabilidad que es echada sobre ellos por el "acusador de los hermanos". En Apocalipsis 12 se anticipa el día en que "ha sido lanzado fuera el acusador de nuestros hermanos, el que los acusaba delante de nuestro Dios día y noche. Y ellos le han vencido por medio de la sangre del Cordero y de la palabra del testimonio de ellos, y menospreciaron sus vidas hasta la muerte" (Apocalipsis 12:10-11).

Tenemos que comprender la obra del reino de Satanás, o podremos, trágicamente, atribuir al Espíritu Santo lo que es realmente operación de Satanás. Pocos creyentes escapan a las astutas añagazas de Satanás de amontonar culpa y auto-condenación sobre ellos. Él y sus obreros tratan de destruir la confianza del creyente con acusaciones. "¡Mírate!", viene el escarnio. "Pretendes ser cristiano, pero sientes aborrecimiento contra Dios y Su Palabra. ¿Qué clase de cristiano eres tú? Mereces ser juzgado e ir al infierno." Estos pensamientos deberían ser reconocidos como obra de Satanás. El Espíritu Santo no obra con los cristianos de esta manera. Puede señalar nuestros actos de desobediencia, pero sólo para ayudarnos a ver el perdón y la purificación que tenemos disponibles mediante la sangre de Cristo. Su propósito es restaurarnos y asegurarnos el amor, y perdón de Dios, y la restauración de la comunión.

Nunca se advertirá lo suficiente acerca de la importancia de discernir la diferencia entre la amante obra del Espíritu Santo hacia los creyentes y las acciones acusadoras y destructoras de Satanás. Consideremos las siguientes comparaciones:

La obra del Espíritu Santo

1. Busca mostrarte que tu infinita valía y valor para Dios le hacen desear tu comunión.
2. Busca mostrarte que hay perdón y restauración a disposición de ti a pesar de cuán grave sea tu pecado.
3. Usa la Palabra de Dios para darte esperanza y certidumbre del amor y perdón de Dios.
4. Erige fe, esperanza y amor en tu corazón, y aumenta tu confianza y certidumbre de la salvación.

La obra de Satanás

1. Busca convencerte que eres tan malo que Dios no quiere tener nada que ver contigo.
2. Busca convencerte de que no hay perdón para ti. Has cometido el pecado imperdonable.
3. Emplea la Palabra de Dios fuera de contexto para convencerte de que no hay esperanza para ti.
4. Crea desesperación, dudas, resentimiento e ira contra Dios, Su Palabra y Su pueblo. Sientes que nadie tan malo como tú puede haber sido nunca realmente salvado.

La falsa culpabilidad es una de las más comunes dolencias que afligen hoy día a los creyentes. La liberación de tal culpa es entusiasmante y liberadora. "Usted nunca sabrá, pastor, qué cosa tan transformadora de la vida ha sido para mí liberarme de la falsa culpa. Desde que fui salvo, me he sentido acosada por mi conciencia de los deseos pecaminosos de mi vieja naturaleza. ¡Me sentía tan culpable y condenado cuando me venían estos deseos! Ahora veo que esos deseos son simplemente la expresión de lo que dijo Dios que es mi vieja naturaleza. Ahora puedo rechazarlos, y raras veces siento aquella culpa destructora, paralizadora y de auto-condenación. Si la siento, sé cómo combatirla." Recientemente, un ingeniero cristiano me dio este testimonio. Es la clase de testimonio que el Espíritu Santo quiere dar a cada cristiano.

El ministerio de la morada del Espíritu

Vosotros no vivís según la carne, sino según el Espíritu, *si es que el Espíritu de Dios mora en vosotros.* Y si alguno no tiene el Espíritu de Cristo, no es de él (Romanos 8:9, énfasis añadido).

Este texto pone en claro que el Espíritu Santo viene a morar dentro del creyente en el momento de su salvación. Juan 3:6 dice: "Lo que es nacido de la carne, carne es; y lo que es nacido del Espíritu, espíritu es." En el momento del nuevo nacimiento, el Espíritu Santo acude a morar dentro del espíritu del creyente. Es una presencia literal, morando dentro del cuerpo del creyente. "¿O ignoráis que vuestro cuerpo es templo del Espíritu Santo, el cual está en vosotros, el cual tenéis de Dios?" (1 Corintios 6:19-20).

La comprensión de esta verdad debiera protegernos de algunos de los excesos de la escena religiosa actual. No necesitamos más del Espíritu Santo. Le tenemos a Él viviendo, morando dentro de nuestro mismo ser. Nos toca a nosotros reconocer Su presencia y dar acogida a Su Persona y obra dentro de nosotros. Nosotros no necesitamos más de Él: Él necesita más de nosotros. Hemos de cedernos a diario a Su Persona y a Su obra dentro de nosotros. El deseo de D. L. Moody no era tener el Espíritu Santo, sino Su poder, Su unción para el servicio. Estudiaremos más este aspecto al considerar el ministerio de llenamiento del Espíritu Santo.

El reconocimiento y la apropiación de la presencia moradora del Espíritu Santo tiene mucho que hacer con nuestro éxito como cristianos. Por cuanto Él mora dentro de nosotros, podemos pedirle que produzca a diario dentro de nosotros el fruto del Espíritu. "Mas el fruto del Espíritu es amor, gozo, paz, paciencia, benignidad, bondad, fe, mansedumbre, templanza; contra tales cosas no hay ley" (Gálatas

5:22-23). La producción de este fruto no demanda alguna nueva experiencia superior con el Espíritu Santo. Es cuestión de una fe practicada a diario. En tanto que la vieja naturaleza trata de regir llevándonos a manifestar algunas de sus expresiones como las que se exponen en Gálatas 5:19-21, nuestra responsabilidad es afirmar que estamos muertos a su dominio, y pedir luego que el Espíritu Santo produzca en nosotros Su fructífera obra.

La morada del Espíritu Santo es también la razón por la que podemos esperar comprender la Palabra de Dios al leerla y estudiarla. Sin embargo, como está escrito:

> Cosas que ojo no vio,
> ni oído oyó,
> ni han subido en el corazón del hombre
> son las que Dios ha preparado para los que le aman.
> Pero Dios nos las reveló a nosotros por el Espíritu; porque el Espíritu todo lo escudriña, aun lo profundo de Dios. Porque ¿quién de los hombres sabe las cosas del hombre, sino el espíritu del hombre que está en él? Así también nadie conoció las cosas de Dios, sino el Espíritu de Dios. Y nosotros no hemos recibido el espíritu del mundo, sino el Espíritu que proviene de Dios, para que sepamos lo que Dios nos ha concedido. (1 Corintios 2:9-12)

Este aspecto del Espíritu Santo para con los creyentes es a menudo llamado Su obra iluminadora. Al apoyarnos en el Espíritu Santo de Dios cuando estudiamos la Biblia, Él traerá su verdad a nuestro entendimiento. Es por esto que es tan importante pedir al Espíritu Santo que ilumine la verdad de Dios cuando la estudiamos o memorizamos.

Son muchos los beneficios que se derivan de la obra de la morada del Espíritu Santo. Él puede santificarnos, mantenernos creciendo en la gracia, dándonos Su paz, y capacitarnos para practicar el amor. Gracias a Su presencia moradora nos distribuye los dones espirituales que quiere que cada creyente tenga (Romanos 12:1-8; 1 Corintios 12; Efesios 4:7-13).

El ministerio bautizador del Espíritu

> Todos los miembros del cuerpo, siendo muchos, son un solo cuerpo, así también Cristo. Porque por un solo Espíritu fuimos todos bautizados en un cuerpo, sean judíos o griegos, sean esclavos o libres; y a todos se nos dio a beber de un mismo Espíritu. (1 Corintios 12:12-13)

El bautismo "en el Espíritu Santo" o "con el Espíritu Santo" o "por el Espíritu Santo" es una doctrina que es a menudo objeto de discrepancias por parte de varios grupos eclesiales. Algunos insisten en que esta obra viene tras la salvación y va acompañada de hablar en lenguas. Primera Corintios 12:13 describe el bautismo por el Espíritu como una obra del Espíritu Santo que sitúa a todos los creyentes en el cuerpo de Cristo. Su cuerpo es descrito en Efesios 5:22-23 como Su iglesia. El Espíritu Santo bautiza a cada creyente en el momento de su conversión introduciéndolo en el Cuerpo de Cristo, el cuerpo de todos los verdaderos creyentes. Así como una profesión de fe y el bautismo con agua parecen haber sido los dos requerimientos para la entrada en la *iglesia local* del Nuevo Testamento, así el nuevo nacimiento, acompañado por el bautismo por el Espíritu Santo, es el medio que Dios emplea para ponernos en el Cuerpo de Cristo. Aunque nuestra conversión pueda ir acompañada de sentimientos gozosos, el bautismo por el Espíritu no demanda ninguna experiencia extática experimental. Al igual que la justificación, tiene lugar aparte de la experiencia. Es una maravillosa consolación darnos cuenta de que no tenemos que buscar y gemir y luchar para ser bautizados por el Espíritu Santo. Esta obra del Espíritu Santo nos une al Señor Jesucristo y a los otros creyentes tan pronto como creemos.

El ministerio de selladura del Espíritu

> En Cristo también vosotros, habiendo oído la palabra de verdad, el evangelio de vuestra salvación, y habiendo creído en él, fuisteis sellados con el Espíritu Santo de la promesa, que es las arras de nuestra herencia hasta la redención de la posesión adquirida, para alabanza de su gloria. (Efesios 1:13-14)
>
> Y no contristéis al Espíritu Santo de Dios, con el cual fuisteis sellados para el día de la redención. (Efesios 4:30)
>
> Y el que nos confirma con vosotros es Cristo, y el que nos ungió es Dios, el cual también nos ha sellado, y nos ha dado las arras del Espíritu en nuestros corazones. (2 Corintios 1:21-22)

Estos textos muestran claramente que la selladura es una obra de Dios, aparte de todo esfuerzo o lucha de nuestra parte. Somos sellados para Dios en el momento en que somos salvos.

La obra de selladura del Espíritu Santo garantiza tu seguridad y certidumbre de la vida eterna. Satanás y su reino retarán incesantemente tu certidumbre de salvación. Afirmará que no eres suficientemente bueno para llegar al cielo. ¡Qué consuelo indescriptible y qué alabanza sin fin debería venirnos al saber que el sello de la propiedad es una acción de Dios. Es el Espíritu Santo quien nos sella hasta el día de la redención, garantizando lo que ha de venir. La seguridad del creyente se centra en toda la Trinidad. El Padre nos ase con Su mano: "Mi Padre que me las dio, es mayor que todos, y nadie las puede arrebatar de la mano de mi Padre" (Juan 10:29); el Hijo nos da la certidumbre: "Mis ovejas oyen mi voz, y yo las conozco, y me siguen, y yo les doy vida eterna; y no perecerán jamás, ni nadie las arrebatará de mi mano" (Juan 10:27-28); y el Espíritu Santo sella a cada creyente (Efesios 1:13; 4:30).

Considero yo que la seguridad del creyente es una de las doctrinas bíblicas de la mayor importancia. Si tenemos profundamente arraigada en nuestra fe la comprensión de nuestra seguridad, ni siquiera el mismo Satanás nos podrá convencer para dudar.

El ministerio vivificador del Espíritu

> Y si el Espíritu de aquel que levantó de los muertos a Jesús mora en vosotros, el que levantó de los muertos a Cristo Jesús vivificará también vuestros cuerpos mortales por su Espíritu que mora en vosotros. (Romanos 8:11)
>
> Pero Dios, que es rico en misericordia, por su gran amor con que nos amó, aun estando nosotros muertos en pecados, nos dio vida juntamente con Cristo (por gracia sois salvos). (Efesios 2:4-5)

Vivificar significa traer los muertos a la vida. El Espíritu Santo hace esto por los creyentes. "Y él os dio vida a vosotros, cuando estabais muertos en vuestros delitos y pecados, en los cuales anduvisteis en otro tiempo, siguiendo la corriente de este mundo conforme al príncipe de la potestad del aire, el espíritu que ahora obra en los hijos de desobediencia" (Efesios 2:1-2). Este texto pone en claro que antes que Dios nos trajera a vida espiritual por medio de la obra vivificadora del Espíritu Santo, el gobernante del reino del aire, Satanás, tenía un terrible poder sobre nosotros. Después que el Espíritu Santo nos diera a nosotros vida espiritual como creyentes, fuimos liberados del gobierno de Satanás.

La obra vivificadora del Espíritu Santo tiene tres fases. Fuimos vivificados y traídos a la vida espiritual por el Espíritu Santo el día en que creímos por vez primera. Estamos siendo vivificados al caminar a diario en el Espíritu y al experimentar Su obra dadora de vida (Gálatas 6:16-26). Y aún hemos de ser vivificados a la venida del Señor cuando el Espíritu Santo lleve a cabo aquella obra de glorificación en nuestros cuerpos mortales (Romanos 8:11; véase asimismo 1 Corintios 15:42-58; Filipenses 3:21; 1 Tesalonicenses 4:13-18).

Nuestros cuerpos necesitan el poder vivificador del Espíritu Santo antes que queden listos para entrar en la gloria del cielo. En Romanos 6, el apóstol Pablo llama al cuerpo "el cuerpo de pecado". "Sabiendo esto, que nuestro viejo hombre fue crucificado juntamente con él, para que el *cuerpo del pecado* sea destruido, a fin de que no sirvamos más al pecado. Porque el que ha muerto, ha sido justificado del pecado" (Romanos 6:6-7, énfasis añadido). Versículos como éste parecen indicar que la vieja naturaleza sigue teniendo el potencial de dominarnos por medio de nuestros cuerpos humanos que aún no han sido vivificados y glorificados. El cuerpo está en el proceso de morir; la muerte está sobre él, pero un día será vivificado en poder de resurrección por el Espíritu Santo. Entonces tendremos cuerpos glorificados, inmortales, como el que Jesucristo tenía cuando se levantó de la tumba. "Mas nuestra ciudadanía está en los cielos, de donde también esperamos al Salvador, al Señor Jesucristo; el cual transformará el cuerpo de la humillación nuestra, para que sea semejante al cuerpo de la gloria suya, por el poder con el cual puede también sujetar a sí mismo todas las cosas" (Filipenses 3:20-21).

El ministerio de intercesión del Espíritu

Y de igual manera el Espíritu nos ayuda en nuestra debilidad; pues qué hemos de pedir como conviene, no lo sabemos, pero el Espíritu mismo intercede por nosotros con gemidos indecibles. Mas el que escudriña los corazones sabe cuál es la intención del Espíritu, porque conforme a la voluntad de Dios intercede por los santos. (Romanos 8:26-27)

Orando en todo tiempo con toda oración y súplica en el Espíritu, y velando en ello con toda perseverancia y súplica por todos los santos. (Efesios 6:18)

Pero vosotros, amados, edificándoos sobre vuestra santísima fe, orando en el Espíritu Santo. (Judas 1:20)

Estos textos nos recuerdan que tenemos ayuda en nuestra oración. El Espíritu Santo nos capacita para "orar en el Espíritu Santo". Esto significa que Él viene a nuestro lado y nos ayuda a hacer nuestras oraciones. Significa también que Él ora por nosotros cuando nosotros podamos estar totalmente callados pero dependiendo del Espíritu Santo para que lleve nuestras peticiones ante el trono de la gracia con Sus indecibles gemidos.

Ciertamente, cada creyente ha experimentado la fragilidad de la humanidad común a todos nosotros, una fragilidad que puede hacer difícil la oración. A veces, al esperar en el Espíritu Santo, Él liberará nuestras mentes y labios para que expresemos nuestros anhelos a Dios. En otras ocasiones, podemos simplemente arrodillarnos delante del Señor en silencio, sabiendo que el Espíritu Santo presenta nuestras peticiones a Dios.

Decir que "orar en el Espíritu" demanda el empleo de una lengua desconocida no es correcto. Pablo pone en claro en 1 Corintios 14:13-17 que orar en el Espíritu incluye el uso de la mente. Las oraciones de Pablo por los efesios (Efesios 1:15-22; 3:14-19) y por los creyentes en Colosas y Filipos eran oraciones en el Espíritu. Orar en el Espíritu significa sencillamente que somos capacitados por el control del Espíritu Santo para que oremos conforme a Su Palabra y Su voluntad. Él nos capacita para orar e interceder en maneras que no podríamos sin Su ayuda.

El ministerio de llenura del Espíritu

> Cuando hubieron orado, el lugar en que estaban congregados tembló; y todos fueron llenos del Espíritu Santo, y hablaban con denuedo la palabra de Dios. (Hechos 4:31)
>
> Por tanto, no seáis insensatos, sino entendidos de cuál sea la voluntad del Señor. No os embriaguéis con vino, en lo cual hay disolución; antes bien sed llenos del Espíritu. (Efesios 5:17-18)

La llenura del Espíritu permite al Espíritu Santo cumplir las cosas para las cuales ha entrado en nuestras vidas. Por medio de la llenura del Espíritu Santo, los creyentes son capacitados a caminar más y más en victoria sobre el mundo, la carne y el diablo. Como resultado de la plenitud del Espíritu, nuestras vidas exhibirán lo que Pablo llama "el fruto del Espíritu"—aquellas cualidades que caracterizaron la vida de nuestro Señor Jesucristo cuando Él estuvo en la tierra. La llenura del Espíritu Santo nos provee de poder para el servicio, y nos capacita para ejercitar nuestros dones espirituales.

Es importante que al buscar hallar nuestra fortaleza en "el poder de Su fuerza", permanezcamos equilibrados, viendo toda la perspectiva de la Persona y obra del Espíritu Santo.

LOS BENEFICIOS DE LA LLENURA DEL ESPÍRITU

La llenura del Espíritu Santo trae muchos beneficios al andar del cristiano.

Un beneficio interior

> No os embriaguéis con vino, . . . antes bien sed llenos del Espíritu, hablando entre vosotros con salmos, con himnos y cánticos espirituales, cantando y alabando al Señor en vuestros corazones. (Efesios 5:18-19)

Esas palabras indican unos maravillosos beneficios para el creyente, interiores y muy humanos, para el creyente que está experimentando la plenitud del Espíritu. Los expositores bíblicos han observado con frecuencia el contraste entre la llenura del Espíritu y la embriaguez. No sólo se afirma directamente el contraste en Efesios 5:18, sino que la llenura inicial del Espíritu Santo registrada en Hechos 2 fue malinterpretada como un estado de embriaguez. "Mas otros, burlándose, decían: Están llenos de mosto" (Hechos 2:13). Pedro respondió a su malentendido diciendo: "Éstos no están ebrios, como vosotros suponéis, puesto que es la hora tercera del día. Mas esto es lo dicho por el profeta Joel: Y en los postreros días, dice Dios, derramaré mi Espíritu sobre toda carne" (Hechos 2:15-17).

Aquí tenemos una promesa maravillosa para aquellos que han tratado de buscar sus experiencias a través del alcohol y de las drogas. La embriaguez y los viajes de drogas son experiencias ilusorias. Crean una falsa euforia que está fuera de contacto con la realidad. Una persona embriagada está controlada por una fuerza que deprime sus inhibiciones; sus problemas parecen desaparecer; consigue un valor que a veces le hace pensar que puede "dominar" a cualquiera en la casa. La tragedia es que la euforia es sólo temporal. A menudo despierta de su "viaje" para ver que sus problemas se han multiplicado. Quizá lo han arrestado por conducir en estado de embriaguez, o que su mujer le ha dejado. Pablo advierte que la euforia producida por el alcohol lleva a la disolución.

Los creyentes tienen una alternativa satisfactoria y no ilusoria. Es real. La alternativa es la llenura del Espíritu Santo. Cuando Él está en control, prevalecen los beneficios interiores del amor, del gozo y de la paz (Gálatas 5:22). Tal como indica Efesios 5:19, el creyente lleno del Espíritu puede hacer música en su corazón para alabar a Dios. El resultado es una calma interior que trae reposo en las circunstancias aún más penosas. Una vez me dieron una forma de pentotal sódico como anestesia para una operación quirúrgica. Pasé rápidamente al estado de inconsciencia, pero durante mi tiempo en la habitación de recuperación experimenté la falsa euforia que algunos buscan a través de las drogas y del alcohol. Bajo el control de la droga, mi mente y mis emociones gozaron de un éxtasis sublime. Me sentía enormemente cómodo, en paz, que parecía que estaba flotando por el mismo paraíso. Pero al ir transcurriendo el tiempo, mi euforia dejó paso a una sensación de dolor e incomodidad debidos a la operación. La euforia no era real. Sólo estaba enmascarando el dolor real. Sin embargo, cuanto más consciente me volvía, tanto más calmado y en reposo me sentía en el Señor. Muchos habían estado orando por mí, y el Espíritu Santo me llenó con una calma y gozo que no eliminaron el dolor, pero que estaba allí en medio de él. Aquel beneficio interior no necesita de ninguna fuente adicional aparte del mismo Espíritu Santo.

Un beneficio que mira hacia arriba

> Cantando y alabando al Señor en vuestros corazones; dando siempre gracias por todo al Dios y Padre, en el nombre de nuestro Señor Jesucristo. (Efesios 5:19-20)

La llenura del Espíritu Santo produce una gozosa adoración. Para obedecer estas palabras tenemos que ser llenados con el Espíritu Santo. La música de gracia y de acción de gracias al Padre celestial fluye naturalmente desde el corazón de la persona llena del Espíritu. Cuando la alabanza, la adoración y la acción de gracias nos parecen extrañas a nosotros, podemos necesitar de un nuevo llenado del Espíritu Santo.

Mientras pastoreaba en Chicago, un toque de avivamiento visitó dos iglesias en Pekin, Illinois. Ralph y Lou Sutera, que habían estado conduciendo los despertamientos de avivamiento que vinieron sobre Regina, Saskatchewan (Canadá), a principios de los setenta, estaban celebrando reuniones allí. Las reuniones en una iglesia llegaron a ser tan multitudinarias que tuvieron que pasar a un edificio mayor. Las reuniones duraron varias semanas, afectando de manera dramática a las vidas de cientos de creyentes y llevando a muchos a Cristo.

Oyendo lo que Dios estaba haciendo, mi mujer y yo decidimos visitar allí. Fue una singular experiencia formar parte de una visitación tan poderosa del Espíritu Santo. Al corregir los creyentes sus relaciones unos con otros y con su Señor, estaban experimentando una renovada llenura del Espíritu. Nunca olvidaremos los cánticos, las alabanzas al Señor, el gozo y la naturaleza aparentemente atemporal de aquella reunión vespertina. El servicio duró durante casi cuatro horas, pero cuando concluyó la gente seguía permaneciendo allí. No querían volver a sus casas. Este avivamiento ilustra el beneficio hacia arriba del ministerio de llenura del Espíritu. Permite el libre fluir de la alabanza, de la acción de gracias y de la adoración.

Un beneficio hacia fuera

El imperativo a ser llenado con el Espíritu Santo en Efesios precede de inmediato a las porciones de las Escrituras que tratan de las relaciones personales. Las relaciones entre marido y mujer, hijos y padres, obreros y patronos, tal como se establecen en Efesios 5:21— 6:9 son posibles sólo por medio del ministerio de llenura del Espíritu. El Espíritu Santo puede capacitar a los seres humanos para que manifiesten un corazón servicial que harán que las relaciones hogareñas, familiares y laborales sean armónicas y glorificadoras de Cristo. La vida llena del Espíritu prepara también al creyente para que afirme la victoria sobre Satanás y su reino (Efesios 6:10-18). Estudiaremos esto con mayor detalle en capítulos posteriores.

LAS BASES DE LA LLENURA DEL ESPÍRITU

Sed llenos del Espíritu. (Efesios 5:18)

¿Cuáles son las necesidades básicas para la condición espiritual que la Biblia designa como "llenos del Espíritu"? ¿Qué debo hacer para alcanzarla? ¿Cómo puede ser mía la plenitud del Espíritu, que me es puesta a disposición, y exaltadora de Cristo?

La Palabra de Dios mantiene sencilla la fórmula. No estamos hablando de una condición disponible sólo para los "super-santos". Dios quiere que la plenitud del Espíritu sea una parte de la vida normal, diaria, de cada creyente. ¿Qué se precisa para conocer este aspecto de vida invencible?

La regeneración: Obteniendo el nuevo nacimiento (Juan 3:1-16)

Parece prudente destacar este punto básico. Puede que algunos estén leyendo estas palabras que nunca hayan nacido de lo alto. Si fueras a morir y a presentarte delante de Dios, y Él fuera a preguntarte: "¿Por qué he de dejarte entrar en mi cielo?", ¿sabrías cómo responder? La salvación —la vida eterna— es el libre don de Dios para que lo recibas como tu posesión personal. Llega a ser tuya en el momento en que por la fe pones la mano y te acoges a la obra consumada del Señor Jesucristo como pago por tus pecados.

"A lo suyo vino, y los suyos no le recibieron. Mas a todos los que le recibieron, a los que creen en su nombre, les dio potestad de ser hechos hijos de Dios; los cuales no son engendrados de sangre, ni de voluntad de carne, ni de voluntad de varón, sino de Dios" (Juan 1:11-13).

Recientemente visité a un hombre de negocios que había recibido a Cristo como su Salvador hacía poco más de un mes. José y su familia habían asistido a nuestra iglesia, aunque él no era creyente. La iglesia había ejercido mucha oración y labor para ganarlo para Cristo. Su mujer había estado orando por su salvación durante siete años.

Cuando hicieron planes para trasladarse a otro estado, los invitamos a nuestra casa para una comida de despedida. Durante el curso del atardecer, José y yo tuvimos la oportunidad de hablar a solas. Mencioné que muchos de sus amigos esperaban que pudiera llegar a conocer a Jesucristo como su Señor y Salvador antes que se fuera. Esto abrió la puerta para conversar acerca de cosas eternas, y al cabo de pocos minutos José oraba e invitaba a Cristo en su vida para que fuera su Salvador y Señor personal.

El cambio fue instantáneo y profundo. De inmediato compartió el gozo de su nueva vida con su mujer, que estaba en otra estancia. Al domingo siguiente, mientras asistíamos a la iglesia y a la escuela dominical, él observó que era como si alguien hubiera encendido la luz. Por primera vez pudo oír la verdad espiritual y comprender lo que se estaba diciendo. Mi reciente visita confirmó su crecimiento continuado. Había tenido lugar la regeneración. "De modo que si alguno está en Cristo, nueva criatura es; las cosas viejas pasaron; he aquí todas son hechas nuevas" (2 Corintios 5:17).

Me vino de nuevo a la mente qué cosa tan transformadora es recibir a Cristo y que el Espíritu Santo entre en la vida de uno. Toda victoria espiritual comienza aquí. Si tú, lector, no ha resuelto todavía la cuestión de la salvación personal, tienes que hacerlo ahora. La vida invencible nunca resulta de un esfuerzo propio ni de volver una hoja nueva. La victoria es la recepción de una nueva vida por medio de la obra regeneradora del Espíritu Santo.

Eliminación: Contristando al Espíritu

> No apaguéis el Espíritu" (1 Tesalonicenses 5:19). "Y no contristéis al Espíritu Santo de Dios, con el cual fuisteis sellados para el día de la redención. (Efesios 4:30)

En su obra *Teología Sistemática,* en su edición inglesa original, Lewis Sperry Chafer dedica un volumen a la Persona y obra del Espíritu Santo. Dedica sesenta y cinco páginas a "Condiciones necesarias para la llenura". Casi todas estas páginas estudian cómo contristamos y apagamos al Espíritu. El doctor Chafer concluye que la plenitud del Espíritu Santo demanda sólo tres condiciones: (1) "No apaguéis el Espíritu" (1 Tesalonicenses 5:19), (2) "No contristéis al Espíritu Santo de Dios" (Efesios 4:30), y (3) "Andad en el Espíritu" (Gálatas 5:16).

Contristar al Espíritu es el resultado de pecado no confesado en la vida del creyente. Por ello, nos enfrentamos a un problema doble: ¿Cómo podemos librarnos de pecar, y cómo aplicamos el remedio prescrito por Dios cuando el pecado ha entrado en nuestras vidas? El Espíritu Santo está presente para ayudarnos con estos dos problemas principales. Si no utilizamos Su Persona y obra para vencer el problema del pecado, le contristamos. Cuando Él está contristado, no conoceremos la victoria y el gozo de Su llenura. Es de una importancia vital que manejemos nuestro problema de pecado sobre la base de la Palabra de Dios. Aquello que contrista al Espíritu Santo queda removido en el acto por medio de la confesión por parte de un corazón contrito. El secreto es mantener cuentas breves con Dios. El momento en que un creyente está consciente de cualquier obstáculo o alejamiento, tiene que determinar la causa y aplicar el remedio.

Dedicación: Cediéndose a Dios

El apagamiento del Espíritu Santo se refiere a resistir o rechazar la voluntad de Dios para la propia vida. Darse al plan de Dios permite la llenura del Espíritu Santo para hacernos invenciblemente fuertes. Ser invencibles significa tener la capacidad y el poder para hacer la voluntad de Dios.

La dedicación involucra darse totalmente al propósito de Dios.

> Ni tampoco presentéis vuestros miembros al pecado como instrumentos de iniquidad, sino presentaos vosotros mismos a Dios como vivos de entre los muertos, y vuestros miembros a Dios como instrumentos de justicia. . . . Hablo como humano, por vuestra humana debilidad; que así como para iniquidad presentasteis vuestros miembros para servir a la inmundicia y a la iniquidad, así ahora para santificación presentad vuestros miembros para servir a la justicia. (Romanos 6:13, 19)

La obra del Espíritu Santo es radicalmente diferente de la de los seres espirituales sobre los que rige Satanás. Los espíritus malvados intentan gobernar nuestras vidas por medio de sutiles añagazas (Efesios 6:11) y fuerza coercitiva (Efesios 6:12). Satanás desea manipularnos y forzarnos a cumplir sus planes. El Espíritu Santo no opera de esta manera. Él respeta nuestra dignidad personal y nos atrae gentilmente para que respondamos a la voluntad de Dios. No está interesado en coercernos, sino que desea que respondamos de buena voluntad. No es con nuestra propia fuerza que llevamos a cabo la voluntad de Dios, sino mediante la obra sobrenatural del Espíritu Santo dentro de nosotros. Sin embargo, hemos de presentarnos al Espíritu Santo, esperando que Él cumpla la voluntad de Dios en y por medio de nosotros. "Así que, hermanos, os ruego por las misericordias de Dios, que presentéis vuestros cuerpos en sacrificio vivo, santo, agradable a Dios, que es vuestro culto racional" (Romanos 12:1).

Tenemos que presentarnos al Señor y darnos a Su plan en todas las experiencias de la vida, incluso en las duras y dolorosas.

Una de las historias más patéticas del Antiguo Testamento nos habla del tiempo en que el rey David huyó con su familia de la insurrección que había levantado su propio hijo Absalón (2 Samuel 16). Al aproximarse David a Bahurim, un hombre de la familia de Saúl, llamado Simei, comenzó a arrojar piedras al rey y a su séquito. Mientras echaba sus piedras, Simei lanzaba también maldiciones contra David. "¡Fuera, fuera, hombre sanguinario y perverso! Jehová te ha dado el pago de toda la sangre de la casa de Saúl, en lugar del cual tú has reinado, y Jehová ha entregado el reino en mano de tu hijo Absalón; y hete aquí sorprendido en tu maldad, porque eres hombre sanguinario" (2 Samuel 16:7-8).

Uno de los soldados de David, Abisai, pidió permiso para poner fin a esta indignidad: "Te ruego que me dejes pasar, y le quitaré la cabeza" (2 Samuel 16:9).

La respuesta de David a la petición de Abisai podría parafrasearse de esta manera: "No le hagas daño. Oigo a Dios en sus palabras. El Señor me está hablando en todos estos acontecimientos." Una gran lección que todos debemos aprender acerca de cedernos ante el Señor. David, incluso en uno de los momentos más críticos de su vida, reconoció que Dios en Su soberanía quería emplear aquella experiencia para provecho del mismo David y para Su propia gloria.

Cada batalla que Satanás arroja sobre nosotros concuerda de alguna manera en el plan soberano de Dios. Al mismo momento que resistimos y rechazamos el propósito de Satanás al atacarnos, tenemos que ceder a las lecciones y propósitos que Dios tiene al permitir que afrontemos la batalla. El fracaso en buscar la enseñanza del Señor prolonga inevitablemente la batalla. La ductilidad dice: "Señor, te oigo a Ti en esta batalla. Quiero aprovecharme de ella. Me rindo a lo que estás enseñándome."

Expectativa: Expresando nuestra fe

> Cuando hubieron orado, el lugar en que todos estaban congregados tembló; y todos fueron llenos del Espíritu Santo, y hablaban con denuedo la palabra de Dios. (Hechos 4:31)

Lewis Sperry Chafer escribe: "Orar por la llenura del Espíritu es un error enorme, e indica una mala comprensión de las condiciones actuales. La llenura del Espíritu no espera a la influencia de la oración. Dios no retiene esta bendición hasta que se prevalece sobre Él o hasta que se elimina alguna desgana de Su parte. Él espera los necesarios ajustes de parte del hombre".[5]

Chafer observa que la plenitud del Espíritu no resulta de nuestros esfuerzos en oración, como algunos ahora querrían proclamar. La llenura del Espíritu viene como resultado del don amoroso de Dios, y está a disposición de cada creyente cuando hagamos "los necesarios ajustes de parte del hombre". Sin embargo, es apropiado expresar en oración al Señor un espíritu de fe y expectativa. La confesión y la rendición a la voluntad de Dios deberían ser también expresados en oración.

El texto citado de Hechos 4:31 indica la parte que tuvo la oración en la llenura del Espíritu en aquella ocasión en la vida de la iglesia primitiva. Es totalmente apropiado expresar nuestra expectativa de que el Espíritu Santo nos llene.

Continuación: Caminando en el Espíritu

> Pero los que son de Cristo han crucificado la carne con sus pasiones y deseos. Si vivimos por el Espíritu, andemos también por el Espíritu. No nos hagamos vanagloriosos, irritándonos unos a otros, envidiándonos unos a otros. (Gálatas 5:24-26)

Andar en el Espíritu demanda una dependencia continuada en el Espíritu. Erramos seriamente cuando pensamos que caminamos en el Espíritu por nuestro propio esfuerzo humano. Tenemos que mantener una actitud de confianza y expectación que hará de andar en el Espíritu una realidad. "Andar en el Espíritu" significa depender totalmente del Espíritu, dándonos cuenta de que sólo Él puede guiarnos y ayudarnos, y que lo hará.

¡Qué deleite es para un padre ver cómo su hijito aprende a andar. Es siempre un tiempo de mucha prueba y error. Hay muchas caídas y fracasos en el proceso de aprender a andar físicamente. Pero cuando se aprende, andar se convierte en una práctica que se lleva a cabo sin pensar.

Andar en el Espíritu es cosa similar. Cuando vemos la necesidad por primera vez y deseamos hacerlo, los pasos pueden parecer

---

5. Lewis Sperry Chafer, *Teología Sistemática* (Milwaukee: Publicaciones Españolas, 1974), vol. II, p. 1006.

vacilantes y difíciles. Nos encontraremos recurriendo a servir al Señor con nuestras propias fuerzas. El esfuerzo propio desplaza la gracia. Sin embargo, cuando caemos siempre hay perdón y el privilegio de volver a empezar. Al acostumbrarnos más a la andadura controlada por el Espíritu, nos encontraremos mirando al Espíritu a cada momento en toda experiencia.

Cuando estamos aprendiendo a andar en el Espíritu es una práctica excelente comenzar cada día con una oración expectante, expresando nuestro deseo de experimentar la conducción y capacitación del Espíritu Santo a cada momento y en cada suceso del día. Es también útil repasar al anochecer, meditando acerca del día en oración. Ofrece alabanza y acción de gracias por los triunfos alcanzados mediante la acción del Espíritu en ti. Confiesa y arrepiéntete por los momentos en que te has apoyado en tu propio esfuerzo. Éste es un proceso que persistirá durante toda tu vida. Andar en el Espíritu demanda una práctica diaria.

UNA ORACIÓN POR LA LLENURA DEL ESPÍRITU

Amante Padre celestial, me acerco a ti de nuevo por medio de la Persona y obra del Señor Jesucristo. Deseo obedecer tu voluntad siendo invenciblemente fuerte mediante el poder capacitador de tu Espíritu Santo. Te alabo por tu bondad al proveer el Espíritu Santo para mi beneficio y fortalecimiento. Gracias por aquel día en que el Espíritu Santo me convenció de mi necesidad de tu salvación. Te alabo porque me ha capacitado para abrir mi corazón al Señor Jesucristo y a tu gracia salvadora. Doy la bienvenida a la presencia residente del Espíritu Santo. Es con expectación que recibo Su paz, Su consolación y la iluminación que Él trae a mi mente capacitándome para comprender tu Palabra. Me regocijo en gran manera en la seguridad de Su obra de selladura. Me deleito que por Su obra bautizadora el Espíritu Santo me ha puesto en el Cuerpo de Cristo y me ha unido inseparablemente a Él. Alabo tu nombre porque el Espíritu Santo me ha traído a la vida espiritual y porque Él vivificará aún mi cuerpo en el día de la resurrección.

Mientras oro, me hago más consciente de mi necesidad de las intercesiones del Espíritu en mí, a través de mí y por mí. Ruego que me concedas el privilegio de orar en el Espíritu. Que mis pensamientos y palabras sean dirigidas por Él. Que Él presente mis peticiones en tu presencia con Su perfecto entendimiento de tu voluntad.

Reconozco tu plan y deseo de llenarme con tu Santo Espíritu.

Perdóname por contristar al Espíritu Santo por mi pecar. Capacítame para apropiarme más perfectamente de la victoria que Tú has provisto para mí para andar por encima del pecado y de los fracasos. Concédeme siempre la conciencia de mis pecados, a fin de que pueda confesártelos con presteza. No quiero apagar el Espíritu Santo por ninguna desgana de someterme plenamente a tu voluntad y plan para mi vida.

Ayúdame a ver cada momento aquellas cosas que me enseñas acerca de ti mismo y de tu voluntad para mi vida. Es mi deseo constante andar en el Espíritu. Te pido que me llenes con Su poder para que seas glorificado por medio de la invencible fuerza que Tú me des para hacer tu voluntad. Todo esto te lo ruego en el nombre del Señor Jesucristo para tu gloria. Amén.

5

Toda la armadura de Dios: El cinto de la verdad

Estad, pues, firmes, ceñidos vuestros lomos con la verdad, y vestidos con la coraza de justicia. (Efesios 6:14a)

Me encontraba en la cafetería de una escuela cristiana cuando se me acercó una señorita mostrando cierta vacilación. "¿Es usted el Pastor Mark Bubeck?", me preguntó. Cuando le respondí que sí, sacó de un montón de libros que llevaba una desgastada copia de *El Adversario*. El libro estaba tan ajado y raído que apenas si me lo pude creer. "Llevo este libro dondequiera que voy —me dijo.— Tenía que darle las gracias por escribirlo. Me ha sido de gran ayuda."

Evidentemente, había captado mi atención. Le pedí que me contara su historia. Me contó que antes de su conversión había estado profundamente involucrada en el mundo oculto de las sesiones espiritistas, de echar cartas y de brujería. Debido a la cruel opresión de Satanás sobre su vida, comenzó a sufrir enormemente, pero por la amante providencia de Dios encontró el único camino de salida. Recibió al Señor Jesucristo como su Salvador, y nació de nuevo en la familia de Dios. A su tiempo, oyó el llamamiento de Dios al servicio cristiano, y se estaba preparando en la escuela bíblica para la obra misionera.

Desde su conversión, pero de manera particular después de comenzar la instrucción en la Escuela Bíblica, hubo ocasiones en las que experimentó atroces ataques de parte de los poderes de las tinieblas que antes la habían controlado. Me contó que cuando venían estos ataques, eran tan fieros e inesperados que parecían desarmarla por completo. La lanzaban a tal confusión y dolor que no podía pensar qué hacer o decir. Pero, al sobrevenirle cada ataque, conseguía la presencia de mente suficiente para volverse a una de las oraciones doctrinales en *El Adversario* y verbalizar la oración en su mente, incluso si era incapaz

73

de leerla en voz alta. Al dirigir la oración doctrinal a su Señor y contra la agresión, podía desbaratar el ataque. "Estos ataques me sobrevienen cada vez con menor frecuencia —me dijo.— No creo que pase mucho tiempo hasta que todo esto quede atrás en el pasado."

UN ENEMIGO BRUTAL

Reflexionando posteriormente acerca de este encuentro, no podía dejar de pensar lo típica que era esta situación como ilustración del ataque implacable y cruel de Satanás. Tiene que ver con que la primera parte de la armadura del creyente sea, traduciendo libremente, "el cinto de la verdad ceñido alrededor de vuestra cintura". Satanás es un enemigo que está siempre a "golpear por debajo de la cintura". En el deporte del boxeo, o en cualquier otro, el sentido de la decencia y del juego limpio proscribe golpear por debajo de la cintura. Si por accidente un oponente lo deja sin aliento, esto demanda un tiempo de descanso o incluso una penalización contra el oponente que ha hecho este daño. A la mayoría de nosotros nos ha sucedido quedarnos sin resuello en una u otra ocasión, y recordamos cuán impotentes nos quedamos durante un tiempo. Sólo el oponente más implacable golpearía deliberadamente debajo de la cintura.

Ésta es la clase de enemigo que tenemos. Satanás nos hace sus caminos atractivos para nosotros. Es por esto que muchos son atraídos al mundo del espiritismo. Promete la capacidad de conocer el futuro, poderes especiales que otras personas no tienen, la capacidad de contactar a un ser amado muerto. El atractivo de las promesas de Satanás es una de las razones por las que la gente compra libros y revistas de ocultismo, literatura pornográfica y literatura pseudo-religiosa llena de "doctrinas de demonios". Satanás hace que parezca atractiva, pero cuando consigue que vayas por su camino, comienzas a ver lo implacable que es. "El camino de los transgresores es duro" (Proverbios 13:15). "La que se entrega a los placeres, viviendo está muerta" (1 Timoteo 5:6).

Los creyentes necesitan saber que tienen un enemigo implacable que golpea por debajo de la cintura. Hará todo lo que pueda para doblegarte y abatirte, y luego destrozarte la cabeza con sus destructivos golpes. Si Dios me ha enseñado algo acerca de la guerra espiritual es que Satanás es terriblemente implacable y cruel. Muchos de los que se mezclan profundamente en lo oculto, si sobreviven, comienzan a buscar una vía de salida, simplemente porque su sufrimiento es tan grande que no lo pueden soportar ya más.

Recibí una llamada de una joven que estaba experimentando un terrible sufrimiento emocional y físico. Tenía antecedentes mormones y posteriormente había derivado hacia el ocultismo. Había empleado con frecuencia la tabla ouija, pero al recibir respuestas conflictivas en diferentes ocasiones, buscó el consejo de una adivina para que la ayudara a encontrar respuestas a sus problemas.

Al principio, la adivina rehusó leerle la palma de la mano. Pero finalmente accedió a echarle cartas de tarot, y pasó a describir el futuro de la muchacha. De repente, mientras estaba haciéndolo, la adivina se detuvo, echó las cartas a un lado, y le dijo: "Tú no deberías estar haciendo esto. Yo no debería estar haciendo esto." Luego se volvió, sacó de una estantería una copia de *El Adversario*, y se lo dio a la muchacha: "Éste es un libro que deberías leer —le dijo.— Te estás metiendo en unos líos de los que no sabes nada."

Posteriormente, y debido a esta respuesta, la joven me contactó. Sólo se pueden hacer suposiciones acerca de la razón de por qué la adivina tuviera una copia de este libro en su poder. Me atrevería a decir que quizá se debería a que ella misma sufría tormento en su alma. Quizá un cristiano le hubiera dado una copia para ayudarla a encontrar el camino de salida.

Muchos de los que entran en el dominio de Satanás encuentran que el sufrimiento que experimentan es totalmente implacable en su intensidad. Si él hace sufrir de tal manera a sus propios seguidores, ¿cuánto más implacable sería contra los que pertenecen a Cristo, si no están protegidos? Te destruirá si le es posible.

En palabras del himno de Martín Lutero: "Acósanos Satán; por armas deja ver astucia y gran poder: Cual él no hay en la tierra." Uno de los secretos de la astucia de Satanás es su sutil empleo de la mentira. Al hablar del fin definitivo del diablo, Apocalipsis 20:10 dice: "Y el diablo *que los engañaba* fue lanzado en el lago de fuego y azufre, donde estaban la bestia y el falso profeta" (énfasis añadido).

La táctica final de la estrategia de Satanás es engañar a los hombres. El Señor Jesucristo confirma esto en Juan 8:44, cuando, al reprender a los incrédulos fariseos, les dice: "Vosotros sois de vuestro padre el diablo, y los deseos de vuestro padre queréis hacer. Él ha sido homicida desde el principio, y no ha permanecido en la verdad, porque no hay verdad en él. Cuando habla mentira, de suyo habla; porque es mentiroso, y padre de mentira."

Siempre que estemos bajo el asalto de Satanás, podemos estar ciertos de que hay mentira en alguna parte. Quizá hemos sido engañados y creemos algo que no es cierto. Esto sucede a menudo. Los rugidos de Satanás convencen a los creyentes de que son vulnerables en lugar de victoriosos, y sucumben al temor y a la duda acerca de su posición de fuerza invencible por su unión con Cristo. Creen la mentira de Satanás, y ésta es la manera en que él avanza más contra ellos.

No hay arma más importante que la verdad. Tenemos que pedirle al Señor a diario que nos muestre cualquier forma en que estemos siendo engañados por las mentiras de Satanás. Es también vital pedirle al Señor que nos ayude siempre a hablar y a vivir la verdad. Al advertirnos a que no le demos al diablo lugar en nuestras vidas, el apóstol Pablo también nos amonesta: "Por lo cual, desechando la mentira, hablad verdad cada uno con su prójimo; porque somos miembros los unos de los otros" (Efesios 4:25).

En contra de lo que a la mayoría de nosotros nos gustaría creer, el pecado de la mentira es bastante común entre los creyentes cristianos. Puede ser una cosa muy sutil. Declaraciones engañosas, un intento deliberado de dejar una falsa impresión, medias verdades, las llamadas "mentiras piadosas", así como las mentiras directas, son todas ellas parte de la táctica de Satanás de conseguir un lugar en nuestras vidas.

Durante años, un hombre devotamente cristiano había estado luchando sin éxito con el pecado de la mentira. A veces contaba mentiras intrascendentes en su conversación añadiendo embellecimientos a sus historias, para hacerlas sonar mejor. Ocasionalmente daba verdaderas invenciones como acontecimientos sucedidos, para hacer más interesante su conversación. Después se sentía culpable y pedía el perdón del Señor, pero debido a las circunstancias, a menudo le era imposible volver y rectificar las cosas con las personas a las que había mentido. Llegó a ser un hábito tan regular que caía en esta práctica antes de darse cuenta de que lo estaba haciendo. Finalmente, en un deseo profundo de librarse de este hábito pecaminoso, comenzó a pedirle al Señor que le ayudase a darse cuenta de que estaba a punto de contar una mentira antes que comenzara. El Señor oyó su oración, y paso a paso pudo eliminar esta práctica y a hablar sólo la verdad. Fue un gozo para su corazón librarse de las mentiras. Con esta victoria arrebató a Satanás un terreno vital. Muchos de nosotros vemos algún grado de nosotros mismos en la experiencia de este hombre. Es la verdad revelada de Dios la que derrota a Satanás; pero cuando cedemos al engaño de cualquier tipo le damos a nuestro enemigo una ventaja contra nosotros.

CUATRO FORTALEZAS DE LA VERDAD

La Palabra de Dios expone cuatro grandes fortalezas de la verdad que forman parte del cinto de la verdad.

Primero, el Señor Jesús es la Persona de Verdad.

Jesús dijo: Yo soy el camino, y *la verdad*, y la vida. Nadie viene al padre, sino por mí." (Juan 14:6, énfasis añadido)

Y aquel Verbo fue hecho carne, y habitó entre nosotros (y vimos su gloria, gloria como del unigénito del Padre), lleno de gracia y de *verdad*. (Juan 1:14, énfasis añadido)

Jesucristo es la misma encarnación de la verdad absoluta. Él es nuestra protección última y total de ser invadidos por Satanás y por su reino. Al advertir a los creyentes de Roma que evitaran los pecaminosos lazos del mundo, de la carne y del diablo, el apóstol Pablo apremió en Romanos 13:14: "Sino vestíos del Señor Jesucristo."

Mientras estudiamos la armadura de Dios, no es sorprendente ver que cada pieza de la armadura está íntimamente relacionada con la Persona y obra de Cristo. Al ponernos la armadura, estamos en realidad revistiéndonos de la protección del Señor Jesucristo.

Antes de su conversión, Juan había estado profundamente atrapado en el uso de las drogas. Luego se envolvió en la mística oriental. De ahí pasó a la brujería y al abierto culto a Satanás. Mediante el paciente y amante testimonio de uno de sus amigos que se había convertido a Cristo, llegó con penosa dificultad a conocer a Cristo como su Señor y Salvador personal. Los que se involucran profundamente en el reino de Satanás no logran liberarse suficientemente para llegar siquiera a comprender el camino de la salvación. Su conversión fue un ejemplo de la amante gracia de Dios.

Después de su conversión, y como sucede tan a menudo, Satanás lo atacó con un asalto físico y emocional devastador. En estos ataques se veía virtualmente paralizado de la cabeza a los pies. Una vez se veía incapaz para hablar o moverse, Satanás le atormentaba con pensamientos como éstos: "Nos perteneces. Vamos a matarte. Nunca serás libre. Nunca podrás trabajar. Mejor que abandones. Puedes ver cuanto poder tenemos. Esta nueva fe nunca te servirá." Este hostigamiento proseguía hasta que perdía la conciencia.

La victoria no llegó hasta que comenzó a contraatacar por medio de su mente. Aunque no podía ni hablar ni moverse, podía seguir pensando. Y repetía agresivamente estos pensamientos: *Me revisto del Señor Jesucristo. Él es la verdad. Satanás, tú eres mentiroso. En*

*el nombre del Señor Jesucristo te ordeno que liberes mi cuerpo. Doy
mi cuerpo sólo al control del Señor Jesucristo, y me cubro bajo el
refugio de Su preciosa sangre.* Al aplicar la verdad contra el enemigo,
podía siempre quebrantar el poder atacante, y al cabo de pocos
momentos quedaba libre del ataque inmediato. La verdad aplicada le
protegía y liberaba.

Un caso tan extremado nos recuerda que incluso los más potentes
ataques de Satanás no pueden nada contra Aquel que es la verdad.
Sin embargo, el cinto de la verdad es algo que cada creyente tiene
que ponerse encima por su propia acción activa. D. M. Lloyd-Jones
lo expresa así en su libro *The Christian Soldier*:

> La traducción de la Versión Autorizada [inglesa] en este caso no es tan
> buena como pudiera ser; es conducente a confusión en el sentido de que
> traduce en sentido pasivo en lugar de activo. En lugar de leerse: "Estad, pues,
> firmes, ceñidos vuestros lomos con la verdad", como si alguien lo hubiera
> hecho por vosotros, una mejor traducción sería: "Estad, pues, firmes, habién-
> doos ceñido vuestros lomos con verdad." En otras palabras: somos nosotros
> quienes tenemos que hacerlo. El cinto no es puesto sobre nosotros, sino que
> somos nosotros los que nos lo tenemos que ceñir; y tenemos que ponerlo bien
> ajustado en su sitio.[1]

La verdad objetiva ha de ser apropiada de manera subjetiva. Es
por esto que el joven antes mencionado, al encontrarse bajo un feroz
ataque, tuvo que actuar activamente con su mente para reivindicar y
aplicar su victoria. La guerra victoriosa demanda nuestra acción. No
podemos esperar pasivamente, esperando que alguien actúe en nuestro
favor.

La Palabra de Dios es la palabra de verdad. Un argumento en
favor de la inerrancia de las Escrituras es la repetida afirmación de
que es la "palabra de verdad". En 2 Timoteo 2:15 leemos: "Procura
con diligencia presentarte a Dios aprobado, como obrero que no tiene
de qué avergonzarse, que usa bien la *palabra de verdad*" (énfasis
añadido). Santiago nos recuerda: "Él, de su voluntad, nos hizo nacer
por la *palabra de verdad*, para que seamos primicias de sus criaturas"
(Santiago 1:18, énfasis añadido). El salmista ora: "Y daré por respuesta
a mi avergonzador, que en tu palabra he confiado. No quites de mi
boca en ningún tiempo la *palabra de verdad*, porque en tus juicios
espero" (Salmo 119:42-43).

Es difícil contar la cantidad de veces que la Biblia declara, de

---

1. D. M. Lloyd-Jones, *The Christian Soldier* (Grand Rapids: Baker Book House,
s/f.), pág. 184.

manera directa o por implicación, que es la palabra de verdad. La
Biblia es la autoridad final para la verdad en nuestro mundo de hoy.
Los problemas de nuestras propias vidas personales, los problemas
de la iglesia, y la mayoría de los problemas del mundo se deben a un
apartamiento de la autoridad de la Biblia como nuestra única norma
infalible de verdad. La guerra espiritual victoriosa comienza con la
pregunta fundamental: ¿Acepto yo la Biblia como la palabra de verdad,
como la misma Palabra de Dios, como la única y definitiva autoridad
de lo que es cierto y de lo que es falso? ¿Acepto las Escrituras como
revelación de Dios? Antes de conseguir ponernos el cinto de la verdad
tenemos que acudir a la Palabra de Dios con la fe de un niñito, y
mirar a Dios para recibir de la Palabra la divina revelación de Dios.
Tenemos que darnos cuenta de que "el mundo no conoció a Dios
mediante la sabiduría" (1 Corintios 1:21), y nunca podría. Nunca
podemos confiar en la sabiduría y capacidad del hombre de razonar
para hallar la verdad. La verdad viene por la revelación de Dios. Es
así como sabemos dónde estamos; está escrito en la Palabra. Es esto
lo que empleamos para batir al enemigo: la palabra de verdad, la
Biblia. Así es cómo confrontamos la tentación y juzgamos qué es el
pecado: la Biblia lo revela. Es así que afrontamos el futuro con
confianza; tenemos la palabra de verdad —la Palabra de Dios—
desarrollando un futuro de victoria total en Cristo.

El Espíritu Santo es el Espíritu de verdad. El Espíritu Santo es
Aquel que ilumina y abre la Palabra de verdad a nuestro entendimiento
y provecho. Esto se pone en claro en 1 Corintios 2:6-11, que declara
que el hombre natural dejado a sí mismo nunca podría comprender la
Palabra de verdad, por cuanto no tiene el Espíritu de verdad para
iluminar la Palabra para su entendimiento espiritual.

> El Espíritu de Dios todo lo escudriña, aun lo profundo de Dios. Porque
> ¿quién de los hombres sabe las cosas del hombre, sino el espíritu del hombre
> que está en él? Así tampoco nadie conoció las cosas de Dios, sino el Espíritu
> de Dios. Y nosotros no hemos recibido el espíritu del mundo, sino el Espíritu
> que proviene de Dios, para que seamos lo que Dios nos ha concedido. . . .
> Pero el hombre natural no percibe las cosas que son del Espíritu de Dios,
> porque para él son locura, y no las puede entender, porque se han de discernir
> espiritualmente. (1 Corintios 2:10-12, 14)

Hay algunas importantes verdades prácticas que debemos recordar
al pedir que el Espíritu Santo nos revele la verdad de Dios. Primero,
tenemos que conocer que el Espíritu Santo siempre nos conducirá a
creencias, acciones y actitudes que están en plena armonía con la

Palabra de verdad (la Biblia) y con la Persona de verdad (Jesucristo el Señor). En este día de énfasis en la experiencia y en los llamados dones carismáticos, este punto ha de ser cuidadosamente destacado. Los que buscan revelaciones extrabíblicas del Espíritu Santo y las aceptan como verdad se sujetan ellos mismos a un serio error.

Recientemente supe de una "líder espiritual" que dijo que el Espíritu Santo le había revelado que había de divorciarse de su marido para poder quedar libre para dar todo su tiempo a servir al Señor en las reuniones que ella organizaba. Esto no concuerda con pasajes como Efesios 5 o Tito 2:4-5. El Espíritu Santo no nos conduce a violar Su Palabra inspirada.

Un hombre que asistía a una iglesia que yo había pastoreado declaró que el Espíritu Santo le había dado el don de la profecía. Parecía enormemente radiante con su nuevo don, y parecía estar andando en el gozo del Señor. El problema era que sus profecías estaban a veces en desacuerdo directo con la Palabra de Dios. Estaba siendo engañado por sus profecías. No es de extrañar que acabara con un matrimonio quebrantado y con un corazón asimismo quebrantado.

Se dice en Segunda Pedro 1:20-21: "Entendiendo primero esto, que ninguna profecía de la Escritura es de interpretación privada, porque nunca la profecía fue traída por voluntad humana, sino que los santos hombres de Dios hablaron siendo inspirados por el Espíritu Santo." El Espíritu Santo es el autor de la Palabra de verdad, y ciertamente Él no nos dirá nunca que creamos o hagamos algo contrario a la Palabra de Dios, aunque las sutiles añagazas de Satanás pudieran conducirnos a creer lo contrario.

¡Cuán importante pedir al Espíritu Santo que nos conduzca a la verdad al leer la Palabra de Dios! La verdad de nuestro Señor y la verdad de Su Palabra siempre nos protegerán. Pide que el Espíritu Santo te proteja de ser llevado a movimientos o énfasis que no son congruentes con Su verdad. Al clamar por la protección diaria del Espíritu de verdad, Él lo hará, porque éste es Su ministerio.

La iglesia es columna y baluarte de la verdad. El apóstol Pablo dijo, instruyendo a Timoteo: "Esto te escribo, aunque tengo la esperanza de ir pronto a verte, para que si tardo, sepas cómo debes conducirte en la casa de Dios, que es la iglesia del Dios viviente, columna y baluarte de la verdad" (1 Timoteo 3:14-15).

La iglesia local es elevada aquí a un alto nivel de importancia en el plan de Dios. Una iglesia local es llamada "casa de Dios" y "la iglesia del Dios viviente". Cada creyente ha de estar siempre relacionado estrechamente con una iglesia local sana, centrada en la Biblia y exaltadora de Cristo. Ha de someterse a la disciplina, a las limitaciones y a los equilibrios que Dios en Su soberanía erige en aquella iglesia local. Muchas veces en mi propia vida personal, incluso como pastor, el Señor ha empleado el ministerio de la iglesia para protegerme de algún triste error. ¡Cuántas veces he visto el ministerio de una iglesia local proteger a un creyente de una derrota total! Cuando los creyentes se unen para orar, proteger y alentar, el enemigo es puesto en fuga. Afíliate a una iglesia local, sométete a su disciplina, asiste a los servicios, e instrúyete en la Palabra.

Satanás odia enfrentarse al creyente que tiene el cinto de la verdad ceñido alrededor de su cintura. ¿Has dicho tú alguna vez alguna mentira en tono convincente, y luego, de repente, ha surgido la verdad? Ahí estabas tú, atrapado en tu mentira, totalmente devastado. El cinto de la verdad afecta a Satanás y a su reino de la misma manera. Lo devasta y derrota de manera total. Pone a descubierto sus caminos de engaño y mentira tal como son, y quebranta su poder contra ti.

¿Cómo se mantiene uno activamente firme con el cinto de la verdad ceñido alrededor de la cintura? Mediante la oración. La siguiente oración está pensada para darte orientación para reivindicar una pieza vital de la armadura.

PONIÉNDOTE EL CINTO

En el nombre del Señor Jesucristo reivindico la protección del cinto de la verdad, habiéndomelo ceñido de manera segura alrededor de mi cintura. Ruego la protección del cinto de la verdad sobre mi vida personal, mi hogar y familia, y el ministerio que Dios ha dispuesto para mi vida. Empleo el cinto de la verdad directamente contra Satanás y su reino de tinieblas. Abrazo activamente a Aquel que es la verdad, el Señor Jesucristo, como mi fuerza y protección frente a todos los engaños de Satanás. Deseo que la verdad de la Palabra de Dios gane constantemente puestos más profundos en mi vida. Ruego que la verdad de la palabra de Dios sea el deleite de mi corazón, para estudiarla y memorizarla.

Perdona mis pecados de no hablar la verdad. Muéstrame cualquier manera en la que esté siendo engañado. Por el Santo Espíritu de verdad, abre mi entendimiento para las Escrituras y condúceme a la comprensión práctica de Sus palabras de verdad. Pido que el Espíritu Santo me advierta antes que yo engañe a nadie y que me proteja siempre de creer las mentiras de Satanás. Gracias, Señor, por hacer de mi iglesia local columna y baluarte de tu verdad para mi vida. Ayúdame a relacionarme con mi iglesia y a dar protección y ayuda a otros así como a recibirla yo mismo.

Veo, Señor Jesucristo, que mi capacidad para ser invenciblemente fuerte y capaz para hacer tu voluntad a pesar de las sutilezas de Satanás demanda el poder estabilizador del cinto de la verdad. Gracias por proveer esta parte de la armadura. La tomo con gratitud y deseo tener un entendimiento más y más profundo de su protección por medio de tu poder. Amén.

6

Toda la armadura de Dios: La coraza de justicia

. . . y vestidos con la coraza de justicia. (Efesios 6:14b)

Lo vio Jehová, y desagradó a sus ojos, porque pereció el derecho. Y vio que no había hombre, y se maravilló que no hubiera quien se interpusiese; y lo salvó su brazo, y le afirmó su misma justicia. Pues de justicia se vistió como de una coraza, con yelmo de salvación en su cabeza. (Isaías 59:15-17)

El libro de Warren Wiersbe *The Strategy of Satan* (La Estrategia de Satanás) cuenta acerca de un carácter poco conocido del Antiguo Testamento, el sumo sacerdote Josué. Josué fue uno de cuatro personas en el Antiguo Testamento que tuvo un encuentro directo con Satanás (Zacarías 3). El relato es iluminador porque muestra cómo Satanás va a por el corazón del hombre, el lugar donde es más vulnerable, donde reside su conciencia, o sentido de la justicia.

El corazón es una parte de cada uno de nosotros que a menudo está sometida a derrota. Una razón reside en nuestra conciencia de nuestros fracasos, pecados y transgresiones. Si no nos sentimos culpables de pecados de comisión, sabemos desde luego que somos culpables de pecados de omisión. ¿Quién de nosotros puede pretender cumplir la norma de Dios, amándole con todo el corazón, mente y alma? ¿Quién de nosotros se acerca jamás a amar siempre a su prójimo como a sí mismo? Luego, tenemos los otros pecados de omisión tan comunes a los que son de Dios: el descuido de la oración, una atención descuidada al estudio de la Palabra de Dios, pérdida de oportunidades para testificar a amigos y compañeros de trabajo, o el olvido de orar por alguien a quien prometimos recordar.

El blanco de Satanás con referencia al sumo sacerdote Josué era su corazón, su conciencia, aquella parte de él capaz de responder a Dios, deseando complacerle. El capítulo comienza con Josué de pie delante del ángel de Jehová, y Satanás de pie "a su mano derecha para acusarle" (Zacarías 3:1). El arma de Satanás era la acusación; su plan era acusar a Josué delante del Señor. Satanás quiere destrozar el corazón del hombre.

Acusar a los hombres al acercarse a Dios es otra de las eficaces armas de Satanás contra los creyentes. Nuestros fracasos le proveen de abundante munición.

En Apocalipsis 12 una fuerte voz proclama la expulsión del diablo del cielo. "Ha sido lanzado fuera el acusador de nuestros hermanos, el que los acusaba delante de nuestro Dios día y noche" (Apocalipsis 12:10). Satanás acusa a nuestros hermanos. Los acusa delante de Dios día y noche. ¿Nunca le has oído haciéndote esto a ti? "¿Cómo puedes esperar ayuda alguna de Dios? Mira tus fracasos. Mira a todos estos pecados que has cometido. Mira cómo has dejado de hacer lo que sabes que debieras." Y así prosigue y prosigue. Quiere destruir tu corazón. Quiere convencerte de que eres un fracasado tal que de nada sirve proseguir. "¿Cómo puede Dios emplear nunca un cristiano tan chapucero como tú?" Más cristianos sinceros quedan derrotados aquí que quizá en cualquier otro punto.

La coraza de una armadura está dispuesta para proteger un área de enorme vulnerabilidad: el corazón. En Zacarías 3, al verse el sumo sacerdote Josué bajo un severo ataque de las acusaciones de Satanás, el Señor mismo acude en ayuda de Josué: "¡Jehová te reprenda, oh Satanás; Jehová que ha escogido a Jerusalén te reprenda. ¿No es éste un tizón arrebatado del incendio?" (Zacarías 3:2).

Josué está en pie delante del Señor, vestido de "vestiduras viles", representando la justicia de Josué, que Isaías 64:6 define de esta manera: "Todas nuestras justicias [son] como trapo de inmundicia". El ángel dice a los que están cerca de Josué: "Quitadle estas vestiduras viles" (Zacarías 3:4). Una vez esto queda hecho, el ángel le asegura a Josué: "Mira que he quitado de ti tu pecado, y te he hecho vestir de ropas de gala" (Zacarías 3:4). Por orden del Señor, Zacarías es vestido con vestiduras limpias y puras, apto para estar en presencia del Señor. Luego recibe la orden de andar en estas nuevas vestiduras limpias en la fuerza y victoria del Señor. Con ello, será un símbolo del venidero siervo de Jehová, el Renuevo, nuestro Mesías (véase Zacarías 3:6-10).

Esta narración del Antiguo Testamento es una ilustración adecuada de la pieza de la armadura que tenemos ahora delante de nosotros. La coraza de justicia es la única protección que tenemos contra el ataque de Satanás sobre el mismo corazón de los siervos de Dios. La coraza del soldado romano era de importancia singular en su armadura, cubriendo los órganos más vulnerables de su cuerpo. Bajo la coraza se encontraban el corazón, pulmones, estómago, hígado e intestinos del soldado. Una herida de la espada, lanza o saeta del enemigo en cualquiera de estos órganos significaba una muerte casi cierta. Por esta razón la coraza tenía que ser muy resistente y había de estar siempre en su sitio.

Así, la justicia recibe un puesto de importancia inusual en la guerra del creyente. Hay varias razones para ello. Una es que la justicia derrota totalmente a Satanás. La justicia es todo lo que Satanás no es. Él es injusto, malvado, malo, lleno de tinieblas (véase Juan 8:44; 13:2; 1 Juan 3:8). La justicia derrota a Satanás y le hace retroceder.

La justicia es asimismo uno de los atributos de Dios. Los Salmos están llenos de declaraciones como: "De justicia está llena tu diestra" (48:10), "Justo eres tú, oh Jehová" (119:137), "Justo es Jehová en todos sus caminos" (145:17), y en Jeremías se dice: "Le llamarán: *Jehová, justicia nuestra*" (Jeremías 23:6, énfasis añadido).

¿Cuál es la coraza de justicia? Es la justicia de Dios que ha sido puesta sobre nosotros y en nosotros, y que nos protege.

La *justicia imputada* significa que cuando soy salvo, Dios me justifica. Dios el Padre pone la misma justicia del Señor Jesús a mi cuenta; me es imputada, puesta sobre mí por Dios como acto judicial. Ahora Dios me contempla como revestido de Su propia justicia. En Filipenses 3:8-9 el apóstol Pablo se regocija en esta justicia con estas palabras: "Y ciertamente, aun estimo todas las cosas como pérdida por la excelencia del conocimiento de Cristo Jesús, mi Señor, por amor del cual lo he perdido todo, y lo tengo por basura, para ganar a Cristo, y ser hallado en él, no teniendo mi propia justicia, que es por la ley, sino la que es por la fe de Cristo, la justicia que es de Dios por la fe." La justicia imputada significa que algo que pertenece a otra persona (Cristo) es puesto a la cuenta de otra (el creyente).

Cuando somos justificados, tiene lugar un cambio maravilloso. En el momento en que se da la fe salvadora, Dios toma nuestros pecados y los imputa a la cuenta de Cristo; son contemplados como castigados en Cristo. Al mismo tiempo, Dios también toma la justicia de Cristo e imputa Su justicia a nuestra cuenta.

Ponerse la coraza de la justicia significa que tomamos un refrigerio diario con la conciencia de esta maravillosa verdad. El sumo sacerdote Josué es una imagen de esta verdad. Le fueron quitados sus propios ropajes inmundos, y le fueron puestos unos ropajes nuevos, limpios y aptos para estar en presencia de Dios.

No hay una protección más fuerte contra las acusaciones de Satanás acerca de nuestra indignidad que mantener siempre delante de nosotros esta verdad de "justicia imputada". Romanos 8:1 tiene que llegar a ser una certidumbre consciente y diaria. "Ahora, pues, ninguna condenación hay para los que están en Cristo Jesús." Satanás hará pocos progresos acusándonos si esta verdad está guardada de manera segura en nuestros corazones y mantenida lozana delante de nuestras mentes.

Dios también nos imparte Su justicia en nuestro interior. Los puritanos llamaban a esto *justicia impartida.* La justicia impartida se refiere a la justicia que Dios pone en mi conducta y vida. No es menos enteramente procedente de Dios que la justicia imputada, pero se encuentra en el reino de mi experiencia y no es siempre constante ni total. A veces hago acciones santificadas, justas, pero en otras ocasiones no. Las acciones genuinamente rectas resultan de la acción de Dios: "Porque Dios es el que en vosotros produce así el querer como el hacer, por su buena voluntad" (Filipenses 2:13).

En 1 Tesalonicenses 5:8 Pablo da esta instrucción: "Pero nosotros, que somos del día, seamos sobrios, habiéndonos vestido con la coraza de fe y de amor, y con la esperanza de salvación como yelmo." Un estudio superficial podría llevarnos a la conclusión de que esta coraza de fe y amor es diferente de la coraza de justicia. No es así. La fe y el amor son las mejores expresiones de la operación de la justicia impartida. La fe y el amor son justicia obrando en la vida del creyente.

Al ponernos la coraza de justicia tenemos necesidad de apreciar la importancia tanto de nuestra justicia imputada como de nuestra justicia impartida. Dios no sólo nos hace justos en nuestra posición delante de Él, sino que también espera que fluyan acciones justas de nuestras vidas. En su sentido fundamental, la justicia imputada de Dios es nuestra coraza protectora, pero está dispuesto que la justicia impartida fluya de Su dotación.

LA PROTECCIÓN DE LA CORAZA

La coraza de justicia nos protege de diversas formas. Primero, nos ayuda dándonos confianza y valor. Pocas cosas son más esenciales para la guerra espiritual que la certidumbre. Cuando Satanás arroja sus acusaciones contra nosotros, acusándonos de nuestros fracasos —que por otra parte son demasiado evidentes— es alentador saber que es la justicia imputada del Señor y no la nuestra lo que nos hace dignos. También nos viene confianza de saber que la justicia infundida que Dios ha plantado en nosotros se puede expresar en acciones de fe y amor que glorifican a Dios. "Y vestíos del nuevo hombre, creado según Dios en la justicia y santidad de la verdad" (Efesios 4:24).

Me llamó un joven para expresarme su profunda preocupación acerca de su matrimonio. Su joven mujer lo había excluido de su vida, y rehusaba buscar consejo de parte de nadie. Persistía en decir que la única solución a sus problemas era que él se fuera. Ella sufría una terrible angustia y tormento interiores y encontraba poco descanso. Estos dos jóvenes eran cristianos, pero la distancia entre ellos se había ensanchado hasta convertirse en un gran abismo. Sus frustraciones e ira se habían vuelto tan intensas en ocasiones que se habían golpeado. El acusador también había estado muy activo en esta relación tan sometida a prueba. El joven admitió que su llamada era un último y desesperado intento por su parte. Aunque estaba involucrado en la obra del Señor a tiempo completo, estaba prácticamente dispuesto a dejar a su mujer.

Al considerar algunos pasos prácticos que podría tomar y al hablar de por qué podría estar seguro de la victoria en Cristo, pude darme cuenta de cómo su confianza se rehacía. Al terminar la conversación estaba entusiasmado acerca de comenzar un tiempo de ayuno y oración. La confianza y el valor habían recibido una transfusión de esperanza y de fe. Éste es el designio para el que fue dada la coraza de justicia.

La coraza de justicia nos da también la oportunidad de repudiar la propia justicia. Al cubrirnos cada día con la coraza de justicia deberíamos rechazar aquella tendencia siempre presente de darnos una palmadita en la espalda y decir: "¡Qué buen chico que soy!"

Job tuvo uno de los más terribles encuentros con Satanás que se registran en la Palabra. Una de las razones por las que Dios permitió una prueba tan prolongada a instigación de Satanás parece haber sido acrisolar a Job eliminando su pretensión de justicia propia. En las primeras etapas del diálogo de Job con sus amigos, la idea que surgía una y otra vez en sus palabras era: "Soy tan bueno y tan recto para con Dios que no tengo ni idea de por qué Dios permite esta terrible prueba en mi vida."

Una hermosa joven cristiana en mi iglesia estuvo viniendo durante un tiempo con un semblante muy desalentado y algo colérico durante un largo período de tiempo. Sentí gratitud el día en que me pidió una cita para hablar conmigo. Cuando comenzó a compartir sus cargas, me habló de algunas profundas y angustiosas frustraciones que se habían introducido en su vida. Había sufrido duros golpes que la habían perturbado emocionalmente. Había dejado que aquellas frustraciones suscitaran dudas en su mente acerca de la bondad de Dios. Y prorrumpiendo en llanto finalmente dijo: "Dios no tiene derecho a tratarme de esta manera. Siempre he tratado de ponerle a Él en primer lugar y de mantener mi vida exenta de pecado. Simplemente, no es justo, no es justo."

De manera tan suave como pude, traté de ayudarla a ver que en esencia estaba diciendo: "Dios: No tienes derecho a tratarme de esta manera, porque soy así de buena y agradable." Cuando se dio cuenta de ello, comenzó a reír y a llorar a la vez. Isaías 64:6 alumbró su camino al arrepentimiento: "Si bien todos nosotros somos como suciedad, y todas nuestras justicias como trapo de inmundicia; y caímos todos nosotros como la hoja, y nuestras maldades nos llevaron como viento." Hablamos del hecho de que la bondad de Dios es cierta tanto si nuestra experiencia parece testificar de ella como si no. La bondad es la misma esencia de Su carácter. Cuando nuestra experiencia no parece sustentar esta verdad, hemos de alabarle de todas maneras.

Cuando el Señor le hubo revelado la pretensión de justicia propia en su corazón, siguió una hermosa oración de arrepentimiento. Se despidió de mí aquel día con una mirada radiante de gozo.

La coraza de justicia está dispuesta para hacer esto para todo creyente. Nos da la oportunidad diaria de recordarnos que la única justicia que tenemos es la que nuestro Señor nos imputa e imparte. En tiempos en que Dios permite que nos vengan profundos dolores y frustraciones, tenemos la oportunidad de recibirlas con gozo. Santiago nos instruye así: "Hermanos míos. tened por sumo gozo cuando os halléis en diversas pruebas, sabiendo que la prueba de vuestra fe produce paciencia. Mas tenga la paciencia su obra completa, para que seáis perfectos y cabales, sin que os falte cosa alguna" (Santiago 1:2-4). Si nos encontramos apartándonos de las pruebas que el Señor permite que nos lleguen, puede que esté presente una raíz de auto-justicia. También de esta manera estamos expresando el pensamiento: "Señor, soy demasiado bueno para merecerme este tipo de tratos." Tenemos que alabar al Señor incluso por la dureza de la batalla.

Confiar en la propia bondad no sólo carece de valor, sino que también nos expone al peligro material. Al confiar en la propia bondad, el creyente es alejado de la fe salvadora. Es necesario que reconozcamos nuestra absoluta pecaminosidad antes que estemos preparados para la fe salvadora. En Romanos, el apóstol Pablo cita varias escrituras del Antiguo Testamento para exponernos nuestra verdadera condición:

> ¿Qué, pues? ¿Somos nosotros mejores que ellos? En ninguna manera; pues ya hemos acusado a judíos y a gentiles, que todos están bajo pecado. Como está escrito: No hay justo, ni aun uno; no hay quien entienda, no hay quien busque a Dios. Todos se desviaron, a una se hicieron inútiles; no hay quien haga lo bueno, no hay ni siquiera uno. Sepulcro abierto es su garganta; con su lengua engañan. Veneno de áspides hay debajo de sus labios; su boca está llena de maldición y de amargura. Sus pies se apresuran para derramar sangre; quebranto y desventura hay en sus caminos; y no conocieron camino de paz. No hay temor de Dios delante de sus ojos." (Romanos 3:9-18)

Estas palabras deberían ser causa suficiente para que repudiemos la propia justicia.

Confiar en la propia bondad no es cosa menos vacía una vez estamos salvados. Sigue siendo una afrenta a Dios. Dios nunca podrá emplearnos eficazmente hasta que veamos que sólo Su justicia es válida.

Cuando Jesús vivió sobre la tierra, una cosa que Satanás jamás pudo tocar fue Su justicia. Hebreos 4:15 declara: "Porque no tenemos un sumo sacerdote que no pueda compadecerse de nuestras debilidades, sino uno que fue tentado en todo según nuestra semejanza, pero sin pecado." Ni Satanás ni el pecado pudieron tocar la justicia de nuestro Señor. Él fue tentado, pero la tentación quedó siempre frustrada.

Es importante recordar que la tentación no es pecado. Algunos cristianos se turban acerca de sí mismos cuando llega la tentación. Sé de un hombre que casi naufragó su vida por esta causa. Vivió una vida muy sensual antes de su conversión, y durante un tiempo después de ser salvo, toda cosa inmoral le causaba náuseas. Le causaba repulsión, y sintió gratitud por la evidencia de que "las cosas viejas habían pasado, he aquí que todas eran hechas nuevas." Sin embargo, con el paso del tiempo, comenzó a encontrarse con ocasiones en las que las viejas pasiones carnales se sentían de nuevo agitadas. Pasaba junto a un mostrador de libro exhibiendo materiales pornográficos, y se sentía tentado a tomarlos y examinarlos. Estas tentaciones angustiaban mucho al hombre. Estaba seguro de que se trataban de una señal de que estaba para volverse a sus viejos caminos. Razonaba que alguien que ha sido salvado y transformado no debería tener tales tentaciones. Comenzó luego a pensar que si los pensamientos estaban ahí, que quizá no sería menos malo cometer las acciones que había cometido en el pasado.

En aquel tiempo crítico, un amigo cristiano le observó que la tentación a hacer lo malo no es pecado. El mismo Cristo "fue tentado en todo según nuestra semejanza, mas sin pecado" (Hebreos 4:15). Aquel conocimiento demostró ser una gran consolación para aquel hermano cristiano. La tentación en y por sí misma no mancha la justicia. Es sólo cuando abrigamos la tentación y codiciamos el objeto que el pecado invade nuestras vidas.

Cuando llegamos a ser creyentes, se pone en marcha un triple proceso de santificación. Primero, en nuestra posición con Dios somos inmediatamente santificados ("puestos aparte") y declarados justos. Esta recibe el nombre de santificación imputada o posicional. La justicia y la santidad de Cristo son puestas a nuestra cuenta, y el Señor contempla al creyente como un "santo", aunque en su conducta pueda actuar no muy "santamente".

La santificación es asimismo un proceso que prosigue a través de la vida del creyente. Al terminar el apóstol Pablo su primera carta a los tesalonicenses, expresa este ruego en oración: "Y el mismo Dios de paz os santifique por completo; y todo vuestro ser, espíritu, alma y cuerpo, sea guardado irreprensible para la venida de nuestro Señor Jesucristo. Fiel es el que os llama, el cual también lo hará" (1 Tesalonicenses 5:23-24). Este proceso es a veces llamado "crecer en la gracia" y es llevado a cabo mediante la asimilación de la Palabra de Dios por medio de la operación del Espíritu Santo (Romanos 15:16; 1 Corintios 6:11; Filipenses 2:12; 1 Timoteo 4:7; 1 Pedro 2:2).

El proceso de santificación nunca finaliza, ni alcanza la perfección en esta vida. Es por esto que hemos de reivindicar la coraza de la justicia sobre una base diaria. Todos necesitamos seguir creciendo hacia aquella medida de la estatura de la plenitud de Cristo en nuestra conducta, así como en nuestra posición (Efesios 4:11-12; Colosenses 3:5, 8, 12-14).

Nuestra santificación final tendrá lugar cuando vuelva el Señor. Primera Juan 3:2 declara: "Amados, ahora somos hijos de Dios, y aún no se ha manifestado lo que hemos de ser; pero sabemos que cuando él se manifieste, seremos semejantes a él, porque le veremos tal como él es." En aquel momento recibirá su pleno cumplimiento nuestra santificación en cuerpo, alma y espíritu. Lo que Dios comenzó en nuestra conversión será llevado a su culminación.

No se puede insistir suficientemente en la importancia de ponerse la coraza de justicia de una manera agresiva y activa en la guerra espiritual. La victoria de la justicia de nuestro Señor y la derrota que propina a Satanás y a su reino tienen que ser aplicadas agresivamente, y no dadas como supuestas de manera pasiva. La victoria nos pertenece, pero tenemos que asirnos de ella.

EL PELIGRO DE LA PASIVIDAD

Estaba yo una vez tratando de motivar a una señora cristiana a una guerra activa y agresiva. Ella había estado batallando fieramente contra el reino de Satanás durante varios años. Su vida antes de su conversión había estado caracterizada por unos antecedentes de prácticas ocultistas y una vida muy pecaminosa. El hostigamiento y sufrimiento que padeció de parte de Satanás la habían dejado fatigada, agotada, y sintiendo cualquier cosa menos agresividad. La pasividad es siempre un estado muy peligroso en que estar cuando se trata de asuntos espirituales. "Es la batalla del Señor" —me dijo a mí.— Si voy a alcanzar la victoria en esta lucha, el Señor tendrá que librarla." Tenemos que depender del Señor para la victoria definitiva, pero tenemos que participar en la batalla. No debemos ser totalmente pasivos.

Imaginemos que un soldado se encuentra en el ejército mejor equipado del mundo. Tiene a su disposición las últimas armas, los tanques mejor blindados, y los cohetes y bombas más eficaces. Pero supongamos que el soldado pasa a enfrentarse con su enemigo dejando atrás sus armas y otros equipos. ¿Qué sucederá? Alguien con menos equipo puede fácilmente batirlo. La posesión de la protección no es suficiente: tiene que ser empleada.

La aplicación es evidente. Somos miembros del ejército de Dios. Hemos de resistir como buenos soldados de Cristo. Estamos dotados de todos los armamentos necesarios para derrotar al enemigo de nuestras almas y todo su reino, pero hemos de emplearlos. La coraza de justicia es una de las más vitales. Hemos de reivindicar su protección a diario y emplearla de manera activa para resistir al diablo y ponerlo en fuga.

REIVINDICANDO LA CORAZA

En el nombre del Señor Jesucristo, me pongo la coraza de justicia. En este momento repudio cualquier confianza que pueda tener en mi propia bondad. Abrazo la justicia que me pertenece por fe en el Señor Jesucristo. Espero en la acción del Espíritu Santo para producir acciones rectas, pensamientos puros y actitudes santas en mi vida.

Me aferro a la vida justa del Señor Jesucristo para derrotar a Satanás y a su reino. Afirmo que mi victoria es ganada y vivida por mi Salvador. Pido y espero anhelante que el Señor Jesucristo viva Su justicia por medio de mí. Por la preciosa sangre de Cristo, purifícame de todos mis pecados de omisión y de comisión. Que camine yo de una manera santa y pura que honre a Dios y que derrote al mundo, la carne y el diablo, por medio de Jesucristo, mi Señor. Amén.

7

Toda la armadura de Dios: El calzado de la paz

Y calzados los pies con el apresto del evangelio de la paz. (Efesios 6:15)

La paz os dejo, mi paz os doy; yo no os la doy como el mundo la da. No se turbe vuestro corazón, ni tenga miedo. (Juan 14:27)

¿Has experimentado alguna vez la pérdida de tu sentimiento de paz? ¡Qué tiempo de pánico, temor y tormento que esto conlleva! Todavía se agazapa en mi conciencia un tiempo oscuro en mi vida como una de las ocasiones más terribles que he pasado. Me sucedió en los primeros años de mi vida de casado. Cursaba yo entonces el segundo año de seminario, con toda la carga académica, y trabajando a horas, y debatiéndome financieramente para llegar a fin de mes. Había en mi vida algunos conflictos espirituales irresueltos, y estaban imponiendo sobre mí una presión emocional y psicológica mayor de lo que yo pensaba. De repente, un día, como resultado de una crisis de poca importancia, algo se rompió en mi integridad emocional, y me invadió un pánico absoluto. Me faltan las palabras para describir las tinieblas, el terror, que le sobrevienen al alma y espíritu humano cuando comienza a reinar el temor. Sólo los que han pasado por este valle comprenderán la infernal naturaleza de esta experiencia.

Una experiencia similar la sufrió Charles Haddon Spurgeon después de unas prédicas que dio en el Palacio de la Música de Surrey Gardens. Mientras Spurgeon se estaba dirigiendo a una multitud de más de 10.000 personas que abarrotaba el lugar, alguien chilló "fuego" e inició una desbandada hacia las salidas. En el caos consiguiente, siete personas fueron muertas a pisotones y muchos más sufrieron graves heridas. El señor Spurgeon se sumió en una profunda depresión. Describe él esta crisis con las siguientes palabras:

Rehusé toda consolación: las lágrimas fueron mi comida de día, y las pesadillas mi terror de noche. Me sentí como nunca me había sentido antes. "Mis pensamientos eran todos como un cajón de cuchillos", cortando mi corazón a trozos, hasta que una especie de estupor de dolor me sirvió de dolorosa medicina. Hubiera podido decir sin faltar a la verdad: "No estoy loco, pero la verdad es que he padecido lo suficiente para enloquecer, si me diera a sumirme en la meditación acerca de ello." Busqué y hallé una soledad que me parecía apropiada. Podía contarle mi dolor a las flores, y el rocío podía llorar conmigo. Y aquí yacía mi mente, como un pecio sobre la arena, incapaz de sus operaciones usuales. Me encontraba en tierra extraña, y yo extraño en ella. Mi Biblia, que había sido mi alimento diario, era ahora sólo una mano que removía las heces de mi mal. La oración no me servía de bálsamo; de hecho, mi alma se había tornado como la de un bebé, y no podía elevarme a la dignidad de la súplica. "Roto en mil pedazos", mis pensamientos, que habían sido para mí un cáliz deleitoso, eran como trozos de vidrio rotos, las miserias hirientes y cortantes de mi peregrinación.[1]

Los siervos de Dios no son inmunes a estas negras pruebas. Añadiéndose a mi trauma estaba el sentimiento de terror y humillación de que iba a sufrir un "ataque de nervios". Para mí, esto era lo peor que pudiera sucederle a un joven que se estaba preparando para el ministerio. *Esto no puede estar sucediéndome a mí. Nunca en mi vida he sufrido de los nervios un solo día. ¿Cómo puedo estar capacitado para consolar y orientar a otros en sus necesidades espirituales y emocionales cuando yo mismo he quedado roto en mi propia vida?* Esta clase de pensamientos estaban constantemente conmigo. La única manera de describir mi tormento durante aquellos días es decir que experimentaba una pérdida total de mi paz. Mis oraciones, aunque desesperadas, parecían excluidas de la atención de Dios. Las Escrituras, aunque las leía a menudo, eran como palabras muertas para mi mente y emociones perturbadas.

Cuánta gratitud sentí aquellos días por una esposa paciente, dada a la oración y comprensiva, y por el doctor Vernon Grounds, el piadoso presidente del seminario donde estudiaba yo, en cuyo gran consuelo pude refugiarme. Como psicólogo cualificado, pudo ayudarme a examinar algunos de los conflictos espirituales de mi vida. El trauma, sin embargo, prosiguió durante varias semanas, y no parecía disminuir en intensidad. Esta dilatación de tiempo sólo sirvió para añadir a mi temor fundamental de caer en un colapso nervioso total. ¡Cómo anhelaba la paz, y cómo me preguntaba si jamás volvería a tenerla en mi atormentada vida!

---

1. Charles H. Spurgeon: *Charles Haddon Spurgeon: Autobiography*, vol. 2, The Full Harvest, 1861-1892 (Carlisle, PA.: Banner of Truth, 1975), 195-196.

Durante este tiempo, me enteré de que uno de mis profesores había pasado por una prueba similar cuando había estado en el seminario. El mero hecho de saber que alguna otra persona había pasado por una prueba así y había sobrevivido me consoló. Lo fui a ver, animado de un destello de esperanza. Lo encontré muy comprensivo y alentador.

Le comuniqué mis temores de experimentar un "ataque de nervios", quizá poniendo fin para siempre a mis esperanzas de llegar a ser un ministro. Me contestó con bondad, con unas palabras que me sacudieron y me llevaron de repente a darme cuenta de la verdad. Me dijo: "Mark, si Dios quiere que sufras un ataque de nervios, debieras querer sufrir este ataque de nervios más que cualquier cosa en este mundo."

Estas palabras me llamaron poderosamente la atención. No oí nada más de lo que me decía. La verdad había dado muerte a mi soberbia y a mi temor.

Me despedí apresuradamente y me dirigí a casa para estar a solas con Dios. Por el camino recordé que durante un día especial de oración en el seminario había orado: "Señor, mientras esté en el seminario, haz en mi vida todo lo que veas necesario para prepararme para serte un siervo útil." Estas palabras volvieron ahora a mi mente con una nueva luz acerca del significado de mi traumática experiencia.

Me arrodillé aquella tarde para orar, y por primera vez desde el comienzo de mi trauma, sentí que podía tener comunión con Dios. Con una sosegada rendición, oré: "Señor, tú sabes que he temido y luchado incluso el pensamiento de sufrir un ataque de nervios. No he considerado siquiera por un momento que fuera tu voluntad para instruirme y disciplinarme. Perdóname mi voluntariosidad y soberbia obstinada. Señor, tú sabes que realmente no quiero pasar por un ataque de nervios, pero si quieres que así sea, entonces ahí vamos. Estoy listo." En aquel momento estaba seguro de que Dios me iba a precipitar a un ataque así, pero, en lugar de esto, cuando me levanté de mi oración, me di cuenta de que había vuelto una medida de mi paz interior. Al seguir rindiéndome a la perfecta voluntad del Señor, aquella paz siguió creciendo. Al cabo de pocas semanas estaba totalmente restablecido.

¡Qué grandes lecciones me enseñó aquella experiencia! Durante aquel tiempo traumático, Dios introdujo en mí una ternura y comprensión para con las personas pasando por crisis emocionales que nunca pudiera haber aprendido de otra manera. Me enseñó la necesidad absoluta de una total rendición a Su voluntad, incluso si ello constituye una amenaza a mis propios deseos. Pero quizá la mayor de todas las lecciones fue aprender el valor de la paz.

Por medio del apóstol Pablo, el Espíritu Santo describe la paz como el calzado de un soldado en medio de la batalla. Ninguna parte del equipo del soldado es más importante que su calzado. ¿Te has dado cuenta de que si te duelen los pies, te duele todo el cuerpo? Un callo severo en el meñique de un pie o un problemático juanete pueden doler tanto que ya no puedas andar más, ya aparte de luchar. Igualmente, en la batalla espiritual, si estás dolido, no podrás ser un soldado eficaz.

Se precisa de un buen calzado para poder asentar bien el pie. Un soldado romano empuñando la espada necesitaba de un calzado seguro para tener fuerza, estabilidad y firmeza. No podía luchar una batalla si los pies no estaban firmemente plantados en el suelo. De nuevo es evidente la aplicación de esto a la batalla espiritual. Si nuestro calzado de la paz no está seguro y no se ajusta bien, no soportaremos mucho tiempo la batalla que el enemigo apremia contra nosotros.

El calzado de un soldado le da facilidad de movimiento, de manera que queda listo para afrontar todos los desafíos. En la vida necesitamos diferentes clases de calzado para diferentes tipos de actividad. El corredor de pista necesita zapatillas deportivas ligeras, bien dentadas, para moverse rápidamente sobre las cenizas. El jugador de baloncesto necesita zapatos con unas suelas especialmente diseñadas que impidan que sus pies se deslicen sobre la lisa cancha. El trabajador de la construcción probablemente no tardaría mucho en hacerse daño en los pies si llevara zapatos de vestir mientras trabajase con un martillo neumático.

De manera parecida, necesitamos un tipo especial de calzado para la batalla espiritual. El único calzado que nos llevará a la victoria es el calzado de la paz, y este calzado tiene unas características importantes que deben ser comprendidas y fielmente apropiadas por el siervo invencible del Señor.

PAZ POSICIONAL

En Romanos 5:1 se afirma: "Justificados, pues, por la fe, *tenemos paz para con Dios* por medio de nuestro Señor Jesucristo" (énfasis añadido). Esta clase de paz no es una paz subjetiva, experimental; se trata de un hecho objetivo, legal. La única manera en que podemos conseguir esta paz es conocerla en tu mente y recibirla por la fe. Por medio del decreto de justificación de Dios, tienes paz para con Dios. Esto significa que Dios ya no está más airado contra ti. No hay conflicto entre Dios y el creyente.

Hace muchos años oí a un pastor predicar acerca del tema de la justificación. Asemejaba él la expresión *pues* al dedo de Dios señalando retrospectivamente a la cruz y a la perfecta obra de la redención obrada allí. Es, pues, debido a la cruz, debido a lo que Dios hizo allí para dar satisfacción a Su propia ira contra el pecado, debido a que Cristo pagó plenamente para quitar todo nuestro pecado, porque Dios ha reconciliado a sí al pecador que cree, que somos justificados. La justificación incluye no sólo la eliminación de todo nuestro pecado, sino también que somos investidos de toda la justicia del mismo Cristo. Dios nos reviste de Su justicia. Por ello, debido a que Dios nos ha justificado, en Su propia obra y plan, tenemos *paz para con Dios*.

La paz para con Dios tiene la intención de dar paz al intelecto del creyente, a su mente. La justificación no es una verdad experimental, basada en los sentimientos. La única manera en la que los creyentes sabemos que somos justificados —declarados justos a la vista de Dios— es que Dios lo dice y que le creemos. La paz interior nos viene cuando aceptamos el hecho llano de lo que Dios ha hecho. Como resultado, tenemos paz para con Dios.

Me viene a la mente un incidente en la vida de un joven amigo. Estaba él pasando a través de diversas pruebas. Desalentado a causa de lo prolongado de aquellas pruebas, me dijo un día. "Supongo que Dios me está castigando por algo. No sé por qué está airado conmigo, pero si quiere estarlo, está bien, porque Él todo lo hace bien."

La actitud de mi joven amigo era digna de encomio, pero su teología era terrible. Dios no derrama Su ira sobre Sus propios hijos. Él no nos castiga en el sentido de aplicarnos un daño punitivo. El Señor corrige o disciplina a los Suyos para corregirles, pero no juzga ni castiga punitivamente a Sus siervos. Esto quedó solucionado en la cruz de Cristo. Ahora todos los creyentes están justificados. Como resultado, todos tenemos paz para con Dios.

Conocer y vivir la realidad de esta verdad es algo de suma importancia para guerrear de manera invencible. La mente tiene necesidad de aferrarse a este gran hecho. Tenemos que caminar en el calzado de la paz con Dios. Si el soldado está siempre incómodo con el pensamiento de que Dios puede estar encolerizado contra él o que tiene que ser extremadamente puntilloso para mantenerse fuera de la ira de Dios, será un mísero soldado.

PAZ EXPERIMENTAL

En Filipenses 4:6-7 leemos: "Por nada estéis afanosos, sino sean conocidas vuestras peticiones delante de Dios en toda oración y ruego, con acción de gracias. Y *la paz de Dios*, que sobrepasa todo entendimiento, guardará vuestros corazones y vuestros pensamientos en Cristo Jesús" (énfasis añadido).

Si la paz *para con* Dios es una paz del intelecto, la paz *de* Dios es una paz emocional, experimental. Podemos conocer todos los hechos acerca de la provisión de Dios, pero si las emociones no sustentan nuestro conocimiento, no podremos actuar en base de lo que sabemos que es cierto. La paz de Dios aplica un bálsamo de serenidad interna a nuestras emociones. Si tienes la paz de Dios, te sientes en paz en mente y corazón: la persona interior total.

Todos nosotros sabemos qué es carecer de paz interior. Alguna crisis se precipita sobre nuestras vidas —alguna ansiedad, algún peligro— y ruge una turbulenta tempestad en nuestro interior. Muchas personas buscan la paz mediante tranquilizantes, depresantes y otros fármacos. Otros se vuelven a las drogas ilícitas o alcohol. Algunos prueban los movimientos pseudo-religiosos como la meditación trascendental para encontrar una solución a su ausencia de paz.

EL TRANQUILIZANTE RECETADO POR DIOS

¿Cómo camina el creyente con el calzado de la paz? Filipenses 4:6-7 nos recuerda que es mediante la oración. El tiempo a solas con Dios en petición agradecida y suplicante es el más efectivo de los tranquilizantes interiores. No hay solución tan efectiva para la agitación interior como la oración. Siempre funciona. "Por nada estéis afanosos", se nos manda de manera imperativa. La paz de Dios trasciende a todo entendimiento. Esto significa que la paz de Dios está más allá y por encima de lo que comprendemos. Es más de lo que realmente necesitamos para poder pasar por las pruebas. Es una inundación que todo lo cubre.

La próxima vez que sientas una gran convulsión interior, o siquiera una ligera inquietud interna, prueba a orar. Enciérrate durante treinta minutos o una hora a solas con Dios. Emplea la oración doctrinal. Ora a Dios hablándole de la verdad de estar "en" Cristo, inseparablemente unidos a Cristo en toda Su Persona y obra. Ora en base de tu entendimiento de la Palabra acerca de la Persona y obra del Espíritu Santo. Ora acerca de cada pieza de la armadura del creyente. Dale las gracias a Dios por toda Su gracia y bondad. Cuéntale tus ansiedades y preocupaciones. Dios intervendrá para cambiar las cosas. Puede que sea algo tan gradual que apenas sabrás cómo o cuándo sucederá, pero cuando hayas acabado descubrirás la paz de Dios dentro de tus emociones. Reina una plácida serenidad interior aunque alrededor de ti pueda seguir rugiendo la tempestad. Sé que esto es cierto tanto por experiencia como por la veracidad de la Palabra de Dios. De hecho, si estás practicando esta clase de oración de manera regular, descubrirás que la paz de Dios está ya ahí cuando sobrevenga la crisis.

Hace unos pocos años sentí que el Señor me llamaba para un tiempo especial de ayuno y oración. No sabiendo el propósito del Señor, decidí ayunar durante tres días. Mientras ayuno, generalmente trato de apartar para orar el tiempo que generalmente uso para comer. Al terminar el segundo día, a la hora de comer, justo acababa un tiempo de oración cuando mi mujer me llamó al teléfono. Era una llamada de larga distancia de mi hermano mayor, informándome que mis ancianos padres habían muerto en un accidente automovilístico. Durante un momento sentí la incredulidad aturdida que estas noticias harían sentir a cualquiera, pero de repente sentí la consciencia de una paz interior que sobrepasaba a todo entendimiento. La paz de Dios estaba ya allí como una reserva para suplir y guardar mi corazón y mente durante aquella prueba. Aquella paz fue tan grande que pude dar un mensaje devocional en el funeral de mis padres.

Las Escrituras son algo absolutamente práctico y funcional. La Biblia funciona cuando empleamos sus promesas en cada circunstancia de la vida.

¿No te has parado a pensar que tu carencia de paz interior puede ser una manera con la que Dios te llama a la oración? Hoy día tenemos muchos maravillosos instrumentos electrónicos a disposición. Uno de los más fascinantes es la pequeña radio avisadora que llevan muchos médicos, hombres de negocios, e incluso pastores, para posibilitar a los demás a contactar con ellos se encuentren donde se encuentren. Varios médicos en la iglesia que pastoreo llevan estas radios consigo cuando acuden a la iglesia. A veces, mientras estamos en el culto, suena una señal acústica, y el doctor correspondiente se levanta en silencio y se va.

La carencia de paz interior podría ser la señal que Dios te envía. Dios puede estar llamándote para una audiencia con Él. Quiere comunión contigo, y en ello te restaurará aquella paz que sobrepasa a todo entendimiento.

PAZ PROTECTORA

En Filipenses 4:9 se dice: "Lo que aprendisteis y recibisteis y oísteis y visteis en mí, esto haced; y el *Dios de paz* estará con vosotros" (énfasis añadido).

Me vino a la memoria el relato de una experiencia que hizo un dotado maestro bíblico, y que me llevó al conocimiento y a la consciencia permanente de una gran verdad. Parece que su hijo pequeño tenía dificultades con un matón que lo molestaba cuando iba a la escuela. El chico se lo dijo a su padre, y decidieron que lo mejor sería ignorar al matón. Esto sólo pareció hacer al matón más atrevido. Cada día, mientras el chico iba a la escuela, el matón lo molestaba y empujaba, riéndose de él por ser demasiado cobarde para luchar.

El chico y su padre conversaron, y decidieron que quizá lo mejor sería aceptar el reto del matón para luchar. Aunque el matón era más corpulento, quizá cuando viera que el muchachito estaba dispuesto a luchar, manifestaría su propia vena de cobardía. Pero el problema sólo empeoró porque el matón le dio una buena paliza al chico, que pronto le tomó miedo a ir a la escuela.

Finalmente, desesperado, el padre decidió que tomaría a su hijo de la mano y lo acompañaría a la escuela. Y sucedió algo sorprendente. Su hijito, que tenía tanto miedo de ir solo a la escuela, puso su mano en la de su padre, y se puso a andar con la cabeza erguida. El matón estaba en su lugar habitual, listo para cebarse en su víctima, pero cuando vio al padre, de casi dos metros de estatura, el matón se fue corriendo. Sin decir una palabra, el hijo miró a su padre y le dio una gran sonrisa de alivio. El matón nunca más volvió a molestarle.

La aplicación es evidente. El matón que confrontamos, nuestro enemigo Satanás, y su reino, son demasiado grandes para que nosotros podamos enfrentarnos a solas con ellos, pero cuando el *Dios de paz* está con nosotros, no tenemos nada que temer. Pablo, al concluir el libro de Romanos, nos dice: "Y el *Dios de paz* aplastará en breve a Satanás bajo vuestros pies" (Romanos 16:20, énfasis añadido).

LA SEGURIDAD DE LA OBEDIENCIA

¿Cómo mantenemos nuestra andadura con el calzado de la paz? En Proverbios 16:7 se nos dice: "Cuando los caminos del hombre son agradables a Jehová, aun a sus enemigos hace estar en paz con él." Este proverbio armoniza con Filipenses 4:9. Ambos textos ponen el acento en la obediencia. Cuando el creyente busca andar en obediencia a su Señor, la especial presencia protectora del Dios de paz permanece con aquel creyente. La desobediencia nos hará vulnerables a los ataques de Satanás.

La ausencia de obediencia en la vida del rey Saúl fue la razón por la que Dios quitó Su protección de Saúl y le dejó caer víctima de sus enemigos. Un caso de ello se cuenta en 1 Samuel 15, donde se dice de Saúl que había guardado ciertos animales de los amalecitas, siendo que Dios había ordenado que fueran totalmente destruidos. Cuando Saúl excusó su desobediencia insistiendo en que él sólo había guardado a los animales para sacrificarlos a Dios, la réplica de Samuel fue devastadora: "Y Samuel dijo: "Se complace Jehová tanto en los holocaustos y víctimas, como en que se obedezca a las palabras de Jehová? Ciertamente el obedecer es mejor que los sacrificios, y el prestar atención que la grosura de los carneros. Porque como pecado de adivinación es la rebelión, y como ídolos e idolatría la obstinación. Por cuanto tú desechaste la palabra de Jehová, él también te ha desechado para que no seas rey" (1 Samuel 15:22-23).

¡Qué palabra más importante para nosotros! "Y estas cosas les acontecieron como ejemplo, y están escritas para amonestarnos a nosotros, a quienes han alcanzado los fines de los siglos. Así, el que piensa estar firme, mire que no caiga" (1 Corintios 10:11-12). La presencia del Dios de paz con nosotros para hacernos invenciblemente fuertes está relacionada con un caminar en una obediencia consagrada y humilde. La rebelión, la desobediencia a la voluntad de Dios, nos hace vulnerables a la derrota.

Si estás resistiéndote a la voluntad de Dios, tienes que afrontar esta resistencia. El resultado será la derrota para ti y la victoria para tu enemigo, a no ser que el Dios de paz reciba el control.

JESUCRISTO: NUESTRA PAZ

"Pero ahora en Cristo Jesús, vosotros que en otro tiempo estabais lejos, habéis sido hechos cercanos por la sangre de Cristo. Porque él es nuestra paz" (Efesios 2:13-14*a*). Nuestro calzado de paz reposa sobre la relación que tenemos con la Persona de paz. La fe cristiana no es primariamente un sistema de doctrinas y de dogmas que siguen los creyentes, aunque desde luego incluye ricas doctrinas. La fe cristiana es primariamente una relación con la Persona del Señor Jesucristo. "Él es nuestra paz."

Cada pieza de la armadura en su aplicación última sigue siendo la Persona de Cristo. Cuando andamos en paz, andamos en Él. Sólo en Él somos justificados y tenemos paz para con Dios. Es en Cristo que podemos orar y recibir respuestas que nos traen la paz de Dios. Cristo es el único siempre perfectamente obediente al Dios de paz. En último término, nuestra obediencia es posible sólo porque estamos "en Él". Es una obediencia perfecta la que es puesta a nuestra cuenta. Al dejar por la fe que Él viva Su vida en nosotros, la obediencia experimental en nuestras vidas le glorifica a Él.

No hay nada más fundamental para un enfrentamiento victorioso que tener el calzado correcto en nuestros pies: el calzado de la paz. Paz para con Dios, la paz de Dios, el Dios de paz y la Persona de paz, el Señor Jesucristo, son los elementos esenciales del calzado que nos permite mantenernos firmes.

Los intentos de Satanás por derrotarnos son pocas veces más evidentes que cuando ataca a nuestro sentimiento de paz. Su estrategia es crear el caos dentro de la persona. Una característica universal de los que se encuentran bajo ataque satánico o demoniaco es la perturbación, la agitación, el tormento, y la ausencia de paz que sufren. El endemoniado gadareno en Marcos 5 es un estudio trágico de la extensión de la carencia de paz que puede generar Satanás.

Pero Satanás es un falso pacificador. Satanás y su reino ofrecen una gran abundancia de falsas soluciones para la paz. Las drogas ilegítimas, el alcohol y los tranquilizantes adormecen la conciencia humana, sumergiéndola en un estupor de paz gloriosa, pero cuando se desvanecen sus efectos, el tormento es tan severo que uno se ve impelido a volver a buscar alivio a través de su falsa paz. Abundan en la actualidad exóticos sistemas religiosos, que prometen a sus seguidores una paz especial si tan sólo siguen estas sectas. Durante un tiempo parece que la falsa paz funciona, pero siempre está cerca el caos final.

Los que siguieron a Jim Jones y a su secta del Templo del Pueblo contaban acerca de las reuniones presididas por Jim Jones que eran tan maravillosamente cálidas y felices. Un participante observó que mientras asistía a las reuniones "se sentía tan dichoso por dentro". Pero el sentimiento resultó ser la falsa paz de Satanás. La historia jamás ha registrado un final más discordante, lleno de terror y notorio de una secta que las muertes por asesino suicidio de novecientas diez personas en la selva de Guyana. Uno de los militares que vio la terrible escena en Jonestown observó: "No había Biblias." Esto realmente lo dice todo. Cuando los hombres tuercen la Palabra de Dios o la desechan, desechan con ella la única fuente de paz verdadera.

APROPIÁNDONOS DE LA PAZ

Amante Padre celestial, por la fe y en el nombre del Señor Jesucristo, me pongo el calzado de la paz. Acepto tu declaración de que estoy justificado y de que tengo paz contigo. Que mi mente comprenda esta verdad maravillosa con más y más claridad. Te doy las gracias, Señor, de que no necesito sobrellevar ninguna ansiedad ni sufrir ningún tormento ni perturbación interior. Gracias, Señor Jesucristo, que me has invitado a darte a conocer todas mis necesidades mediante la oración. Enséñame a esperar en tu presencia hasta que la paz interior de Dios, que trasciende el entendimiento humano, reemplace mi ansiedad. Deseo conocer la intensa presencia de tu paz. Anda tú conmigo y dime: "No temas: yo estaré contigo."

Deseo, con todo mi corazón, ser obediente a tu voluntad. Que la plenitud de Cristo, que es mi paz, me capacite para andar de tal manera en Él, que la plenitud de Su paz pueda glorificar a Dios por medio de mí. Tomo el calzado de la paz en el nombre del Señor Jesucristo, y andaré con él por la fe en el día de hoy. Amén.

8

Toda la armadura de Dios: El escudo de la fe

Sobre todo, tomad el escudo de la fe, con que podáis apagar todos los dardos de fuego del maligno. (Efesios 6:16)

En nuestro vigésimo quinto aniversario, mi mujer y yo estábamos sentados junto al ventanal del restaurante en el último piso del edificio John Hancock en Chicago, que entonces era célebre por ser el edificio más alto del mundo. La costa del Lago Michigan se extendía delante de nuestra mirada, combinándose con el majestuoso perfil de Chicago frente al cielo, para hacer deliciosa nuestra romántica cena. Mientras revivíamos nuestros felices veinticinco años juntos, no nos dimos cuenta de que se avecinaba una tormenta. De repente nos sentimos aturdidos por un rayo deslumbrador seguido casi instantáneamente por un fragor retumbante. Nuestra mesa —y de hecho todo el restaurante— parecían temblar. Desde el mirador del ventanal de nuestra mesa contemplamos como la tormenta descargaba toda su aterradora furia. Las nubes eran de un negro sólido. La lluvia caía en torbellinos y regiraba en el viento, batiendo contra el ventanal en un fiero esfuerzo por alcanzarnos. Los rayos que caían y el rugido de los truenos siguieron añadiendo un brillante color y sonido estereofónico al drama del viento sibilante y del sonido estrepitoso de la lluvia. Durante un rato nos sentimos algo aturdidos; luego, la tormenta se fue como había venido, y el sol poniente volvió para pintar su gloria sobre las nubes que se iban.

Desde entonces he reflexionado cómo aquella experiencia ilustra el escudo de la fe. Podíamos ver la tempestad, e incluso sentir algo de su furia, pero no podía alcanzarnos. Estábamos escudados por un pesado vidrio laminado diseñado para resistir estas tormentas.

El escudo de la fe es una parte importante de la armadura del creyente. "Sobre todo —dice el texto— tomad el escudo de la fe." La importancia del escudo se ve en las palabras "con que podáis apagar *todos* los dardos de fuego del maligno" (énfasis añadido). Esto es tan inclusivo como se pueda ser. *Todos* los proyectiles ardientes del reino de Satanás pueden ser extinguidos, apagados, desactivados por la protección del escudo. Desde detrás del escudo podrás a veces ver cómo los dardos de Satanás van lanzados contra ti. Podrás a veces oír el trueno de su rugido y sentir la sacudida de su furia. Pero el trueno es suficientemente fuerte para soportar el embate de Satanás.

ESCUDADOS POR TODAS DIRECCIONES

Una razón por la que el escudo de la fe es tan necesario para el andar del creyente es que da una protección *completa*. La palabra griega para escudo, *thureos*, comunica la idea de un escudo grande. Podríamos imaginarlo como un escudo que te cubre totalmente. El Salmo 5:12 afirma: "Porque tú, oh Jehová, bendecirás al justo; como con un escudo lo *rodearás* de tu favor" (énfasis añadido). El salmista vio al escudo de Dios rodeando literalmente al justo, protegiéndole en todas direcciones. La protección del Señor está delante de nosotros, detrás, por encima, por debajo, a nuestra derecha y a nuestra izquierda. El escudo de Dios nos da una protección plena.

Hace unos pocos años estuvimos visitando el Museo del Centro Espacial en Huntsville, Alabama. Teníamos la suerte de tener un querido amigo, Alfred Finzel, como guía de la visita. Alfred, que está ahora retirado, había sido uno de los científicos alemanes que habían trabajado con tanto éxito con Werner von Braun en el programa espacial de los Estados Unidos. Una de las fascinantes exhibiciones de aquel museo presenta las cápsulas espaciales de las varias expediciones lunares. El medio espacial es tan hostil a la vida humana, y tan intenso es el calor abrasador de la entrada en la atmósfera terrestre, que ninguna vida humana podría resistir sin el "escudado omnidireccional" de estas cápsulas espaciales. Esto es una imagen del escudo de fe del creyente. La hostil atmósfera del reino de Satanás es demasiado mortífera para nosotros para poder sobrevivir sin el escudo.

Antes que le fuera permitido tentar a Job, Satanás se quejó a Dios: "¿No le has cercado alrededor a él y a su casa y a todo lo que tiene?" (Job 1:10). El escudo de Dios estaba allí para proteger a Job de la hostil atmósfera del odio y de la furia de Satanás. La historia de Job demuestra que Satanás atormentaría y daría muerte a todos los justos si no fuera por el escudado de Dios. Tendremos más que decir después acerca de cómo los esfuerzos de Satanás pudieron traspasar aquel escudo en cierta medida y por qué, pero en este momento es bueno observar cuán alta y adecuada era la cerca de Dios.

EL OBJETO DE NUESTRA FE

Otra razón por la que el escudo es tan crítico para la victoria se ve en el *objeto* de nuestra fe. Nuestra fe no reposa sobre nuestra fe, sino que el objeto de nuestra fe es nuestro escudo. La fe, en y por sí misma, no puede dar protección alguna si el objeto de la fe es falso.

Algunos de nosotros recordamos la guerra civil que sufrió el Zaire cuando aún era el Congo. Bajo Moishe Tshombe, se contrataron mercenarios extranjeros para poner fin a la rebelión. Los soldados, profesionales y bien entrenados, fueron imbatibles para los soldados congoleses. Al verse rechazados más y más lejos por los mercenarios, los rebeldes comenzaron a huir atemorizados. Desesperados, los líderes rebeldes recurrieron a un plan. Decidieron embadurnar los cuerpos de los soldados rebeldes con una pócima que parecía hecha con cenizas blancas. Valientes, con una fe total en este nuevo "escudo mágico", muchos de los rebeldes opusieron resistencia, exponiéndose a veces abiertamente a los tiradores mercenarios. Estaban seguros de que serían protegidos por la "ceniza mágica", pero naturalmente pronto fueron segados por las balas de sus enemigos. Su fe les falló, porque el objeto de su fe no tenía poder para escudarlos. Proverbios 30:5 afirma: "Toda palabra de Dios es limpia; Él es escudo a los que en Él esperan."

La fe es meramente el medio que tiene el creyente de apropiarse del escudo. Dios es el objeto de nuestra fe. Él es el escudo.

CONFIANZA EN EL ESCUDO

Una tercera razón por la que el escudo es crítico para nuestra victoria es que provee al creyente con la *confianza* de la protección. ¿Acaso la presencia del escudo significa que nunca le será permitido a Satanás tocarnos? Algunas personas piensan así. Pero la historia de Job debería eliminar para siempre tal opinión. Satanás obtuvo permiso para alcanzarle. El creyente no tiene la seguridad de que no experimentará algunas de las mismas clases de pruebas de parte del reino de Satanás.

¿Cómo podemos explicar tales sucesos si el escudo de la fe puede apagar *todos* los dardos encendidos de Satanás?

La respuesta sólo puede ser hallada examinando con cuidado las operaciones soberanas de nuestro Señor. Los dardos encendidos de Satanás tienen siempre el propósito de dañar y destruir al creyente. Es totalmente implacable y devastadoramente cruel con sus ataques.

Una querida familia centrada alrededor de Cristo me escribió acerca de su hija universitaria, que tenía problemas. Mostraba evidencia de ser una consagrada creyente en el Salvador. Atractiva y brillante, en pruebas de inteligencia había dado una marca cercana al nivel de un genio. Su futuro parecía brillante hasta que se enfrentó con el desafío de Satanás. Citando de la carta de su madre:

> Comenzó a tener noches muy perturbadas y venía a menudo corriendo aterrorizada a nuestro dormitorio, diciendo que había tenido una pesadilla, y que quería dormir en el suelo de nuestro dormitorio . . . . Nos contaba historias horripilantes de visitas nocturnas de Satanás, que se burlaba de ella e intentaba impulsarla a aceptar tanto su "amor" físico como su forma de vivir . . . . Está ahora viviendo con una hermana, que nos ha dicho que ya no duerme de noche, sino que se queda despierta toda la noche, y luego duerme de día. Hasta hace dos semanas, no se la podía dejar sola ni al atardecer ni por la noche, porque su terror era insoportable. Le ha dicho a su hermana que veía no sólo a Satanás, sino también a muchos demonios por la noche en su dormitorio. Dijo que estos demonios se lanzaban corriendo por las esquinas de su habitación y que acudían a los postes de su cama para mirarla a la cara.

¡Cuán repugnante y atormentador puede ser Satanás! En el caso de esta muchacha, su psiquiatra cristiano reconoció que "padecía de problemas de identidad y también estaba experimentando opresión demoníaca." El propósito de Satanás, en último término, es destruirnos, desgarrarnos, afligirnos, atormentarnos, y matarnos si Dios lo permitiera. Acerca de Job, Dios le dijo a Satanás: "He aquí, él está en tu mano; mas guarda su vida" (Job 2:6). Esto deja pocas dudas de que aparte del escudo de Dios, Satanás habría matado a Job, como lo hizo con su familia.

EL PROPÓSITO DEL SEÑOR EN LA BATALLA

¿Pero qué, debemos preguntar, acerca del propósito de Dios? Es evidente, tanto en la Palabra de Dios como en la vida, que Dios permite en ocasiones que Satanás aflija a los creyentes a pesar del escudo de la fe y del resto de la armadura. ¿Cuál es el propósito de Dios, y qué sucede con los proyectiles de Satanás?

Al penetrar los dardos encendidos de Satanás en el escudo de la fe —si en Su soberanía Dios permite que así sea— dejan entonces de ser los dardos encendidos de Satanás. Más bien, se transforman en los mensajeros afinadores y purificadores del amor de Dios.

El fuego puede destruir, o puede afinar. Algunos amigos sufrieron un fuego en su edificio de apartamentos. A la mañana siguiente me paseé con mi amigo por los restos de su apartamento calcinado para ver si podíamos salvar alguna cosa. La destrucción era terrible. Todo había sido quemado. Todos los recuerdos de sus vidas, todas sus ropas.

Pero el fuego puede también ser purificador. Recuerdo cuando era joven trabajando fundiendo plomo para derramarlo en varias formas y moldes. Me encantaba darle tanta potencia al mechero que el metal fundido pareciese transparente. Cuanto más se calentaba, tantas más impurezas en su seno subían a la superficie y habían de ser eliminadas, con lo que el metal quedaba siempre más puro que antes.

Esto ilustra lo que Dios está haciendo al dejar que algunos de los dardos encendidos de Satanás pasen a través de Su escudo. Bajo Su mirada soberana, Dios nunca deja que la obra de Satanás vaya más allá de lo que Él ha dispuesto. Santiago 1:2-4 dice: "Hermanos míos, tened por sumo gozo cuando os halléis en diversas pruebas, sabiendo que la prueba de vuestra fe produce paciencia. Mas tenga la paciencia su obra completa, para que seáis perfectos y cabales, sin que os falte cosa alguna." Primera Pedro 1:6-7 afirma: "En lo cual vosotros os alegráis, aunque ahora por un poco de tiempo, si es necesario, tengáis que ser afligidos en diversas pruebas, para que sometida a prueba vuestra fe, mucho más preciosa que el oro, el cual aunque perecedero se prueba con fuego, sea hallada en alabanza, gloria y honra cuando sea manifestado Jesucristo."

Consideremos la certidumbre de 1 Corintios 10:13: "No os ha sobrevenido ninguna tentación que no sea humana; pero fiel es Dios, que no os dejará ser tentados más de lo que podáis resistir, sino que dará también junto con la tentación la salida, para que podáis soportar."

MANTENIÉNDONOS CENTRADOS EN DIOS

Tenemos que permanecer centrados en Dios, nunca en Satanás. Este es siempre un peligro. No hemos de volvernos tan conscientes del poder de Satanás que estemos siempre "luchando contra el diablo" en lugar de "servir al Señor".

Una vez más, Job es un buen ejemplo para nosotros. Todos los sufrimientos y problemas de Job provenían directamente de manos de Satanás. Sin embargo, mientras Job discute su tormento con sus tres amigos, e incluso con el Señor, centra todos sus pensamientos, palabras y esperanzas en Dios. Job nunca atribuyó a Satanás la producción de su aflicción. Mantuvo sus ojos fijos en el Señor, y finalmente alcanzó la victoria.

Cuando estemos bajo el ataque de Satanás —incluso cuando estemos resistiéndole a él y sus propósitos— necesitamos darle las gracias a Dios por Sus propósitos al permitir la batalla. La intención de Satanás es producir el mal y dañar, pero el propósito de Dios es afinar al creyente y hacer de él un siervo más poderoso. Por medio de Jeremías, Dios le dijo a Israel: "He aquí que como el barro en la mano del alfarero, así sois vosotros en mi mano" (Jeremías 18:6). Éste es un principio bíblico que hemos de respetar y jamás olvidar. Así como el fuego controlado es uno de los mayores recursos del hombre, así los fuegos controlados de la aflicción de Satanás en manos de Dios son aplicados a nuestras vidas para bien.

Un pastor me contaba recientemente acerca de su labor con una mujer que había experimentado años de terrible aflicción satánica. La cosa se retrotraía a su infancia. Recordaba ella que se sentía abrumada por incontrolables ataques de furia en los momentos más inesperados. De adulta, los problemas empeoraron. Una vida matrimonial tensa, infidelidad que condujo al adulterio, y la culpa resultante, se añadieron al problema ya existente. Después de la muerte de su marido, y desesperada por hallar respuestas, se involucró de manera bastante profunda en espiritismo. Esta involucración profundizó sus dificultades con el mundo de los demonios.

El mero hecho de entrar en el baño desencadenaba pensamientos vulgares, y salía un lenguaje obsceno de su boca. Unas voces del mundo espiritual la atormentaban de manera incesante, exigiéndole y empujándola a emprender ciertas acciones. Cuando estas experiencias llegaron a un punto culminante, el pastor entró en escena. La primera respuesta de la mujer fue evitarle —inducida a ello por las voces— pero durante un penoso ataque, finalmente se dirigió al pastor en busca de ayuda.

Éste no estaba seguro de cómo debía proceder, y pasó un tiempo considerable tratando de llevarla a Cristo, pero se encontró con una feroz oposición por parte de los poderes de las tinieblas. Cuando le explicaba el camino de la salvación, ella encontraba casi insoportables las voces hostigadoras y la confusión. Sólo podían continuar con mucha paciencia y oración. Finalmente vino el desenlace, y pudo orar para recibir a Cristo. Le sobrevinieron un gran alivio y calma, pero no duraron mucho tiempo.

El pastor contaba que le había llegado a sus manos una copia de *El*

Adversario, y con algunos amigos creyentes intentó liberar a esta sufriente mujer de sus tormentos. Confrontaron abiertamente al enemigo. Varios poderes demoníacos identificaron su presencia y recibieron la orden de salir. Fueron necesarias varias prolongadas sesiones de oración y guerra, pero hoy aquella mujer está libre, regocijándose en el Señor. A veces puede todavía oír voces, pero están lejos y apenas si son audibles, como si hubiera un gran escudo entre ella y la presencia de las mismas. Antes de abandonarla, algunos amenazaron con volver si jamás se echaba atrás y les daba oportunidad, pero ella está decidida a memorizar la Palabra y a andar con su Señor. Ha resuelto mantener su mente centrada en el Señor y en Su Palabra, y no en el enemigo. Ésta es una de las claves de la victoria continua. Nunca debemos obsesionarnos con el enemigo, sino ocuparnos totalmente con el Señor y Su Palabra.

LA NATURALEZA MORTÍFERA DE LA BATALLA

Es necesario que reconozcamos la mortífera naturaleza de la batalla en que se encuentra el creyente. Varios traductores emplean un lenguaje gráfico para describir lo que Satanás nos lanza. "Flechas encendidas", "dardos de fuego", "proyectiles ardientes"; todas estas traducciones nos comunican la naturaleza artera, mortíferamente seria, de la intención del maligno.

La táctica de emplear flechas ardientes en la guerra es casi tan antigua como la misma guerra. En los días de las ciudades amuralladas, si las tropas atacantes podían lanzar suficientes flechas ardientes por encima de las murallas para comenzar fuegos, su batalla era más fácil. Si las tropas dentro de la ciudad estaban ocupadas en apagar incendios, no podían luchar contra las tropas que avanzaban.

Esto es muy similar a la estrategia de Satanás contra nosotros. Nada le gusta más que mantenernos ocupados luchando contra fuegos en lugar de resistirle y de mantener nuestra mirada fija en nuestro Salvador. Su propósito es no sólo destruirnos, sino también desviar nuestra atención: crear pánico y terror. Si puede incendiar la ciudad y desviar nuestra atención, podrá entonces introducirse e invadir.

La amenaza del fuego es cosa muy real para muchos que viven en los hermosos cañones del sur de California. Esto fue particularmente cierto a finales del verano y durante el otoño de 1978. Unas intensas lluvias a comienzos de la primavera habían causado un gran crecimiento de la hierba y de los matojos por todas las laderas. Los secos meses de verano y los vientos de Santa Ana, procedentes del desierto, habían convertido el cañón en una trampa de fuego potencial. Unos terribles incendios barrieron varios cañones, quemando cientos de hermosas casas en pocos instantes. El calor ardiente hacía que estallara casi todo lo que el fuego hallaba a su paso. Sin embargo, hubo algunas casas que se salvaron, generalmente porque los propietarios habían ingeniado algún método para escudar sus hogares de las llamas. Uno de estos propietarios había diseñado un extenso sistema de rociamiento, impulsado por una bomba movida por un motor de gasolina que aspiraba agua de la piscina. Al aproximarse el fuego, y llenarse el aire de proyectiles ardientes empujados por el vendaval, se activó el sistema de rociamiento, empapando la casa, el tejado, los matorrales y los árboles, y el área alrededor de la casa. Los proyectiles quedaron todos apagados al caer sobre el escudo de agua. Aunque todas las otras casas de la zona quedaron consumidas, aquella, con su escudo de agua tan cuidadosamente preparado, quedó incólume. Leyendo esta noticia en el diario, no pude dejar de ver la semejanza con la guerra espiritual. La presencia del escudo no impide que los dardos encendidos sean echados, pero asegura que no habrá daño por causa de ellos. Todos ellos quedan apagados.

Apropiándonos del escudo

Consideremos ahora qué es este escudo y cómo nos apropiamos de su protección. El escudo de la fe en su sentido más pleno es la omnipresencia soberana de nuestro Dios trino y uno.

Dios hizo una promesa a Abraham: "Después de estas cosas fue la palabra de Jehová a Abram en visión, diciendo: No temas, Abram; yo soy tu *escudo*, y tu galardón será sobremanera grande" (Génesis 15:1, énfasis añadido).

Dios dijo a Israel, por medio de Moisés: "Bienaventurado tú, oh Israel, ¿quién como tú, pueblo salvo por Jehová, *escudo* de tu socorro, y espada de tu excelencia? Así que tus enemigos serán humillados, y tú hollarás sobre sus alturas" (Deuteronomio 33:29, énfasis añadido).

En uno de sus cánticos de alabanza, David cantó: "Jehová es mi roca, y mi fortaleza, y mi libertador; Dios mío, fortaleza mía, en él confiaré; mi *escudo*, y el fuerte de mi salvación, ... Me diste asimismo el *escudo* de tu salvación, y tu benignidad me ha engrandecido" (2 Samuel 22:3, 36, énfasis añadido). Hay más de una docena de referencias en los Salmos al hecho de que el mismo Señor es nuestro escudo.

Satanás es un ser creado, incapaz de vencer a la Persona y presencia del Señor. Es muy reconfortante saber que nuestro escudo de fe es el formidable poder y Persona del mismo Señor.

Por medio de la fe nos hacemos conscientes de la presencia del Señor entre nosotros y el enemigo. Observemos que el escudo es "el escudo de la *fe*", y que el texto dice: "con que [vosotros] podáis apagar todos los dardos de fuego del maligno" (Efesios 6:16, énfasis añadido). *Tú*, el creyente, tienes algo que hacer acerca de la extinción de los dardos encendidos, y el escudo de la *fe* demanda nuestra fe activa para su eficacia.

Tenemos que participar de manera activa en nuestro conflicto. La protección del escudo es algo que tenemos que tomar y emplear sobre una base diaria.

Algunos creyentes ponen en tela de juicio la necesidad de ponerse a diario cada pieza de la armadura. "¿Por qué he de ir tan a menudo a través de un acto de tomar o reivindicar mi armadura de manera activa? ¿No se transformará esto en un hábito, o "vana repetición"?

Me encuentro a menudo con estas preguntas, y les recuerdo a los que las hacen que a ninguno de nosotros se nos ocurriría no vestirnos a diario simplemente porque sea cosa repetitiva. Nos vestimos porque no queremos quedar embarazados por nuestra desnudez cuando salimos a enfrentarnos con el mundo. ¡Cuánto más necesitamos nuestra vestimenta espiritual! Hay mucho más en juego que pasar una vergüenza. Estamos en guerra con un enemigo mortal que quiere aprovecharse de nuestra falta de armadura.

Podrás decir: "Y bien, ¿por qué el Señor lo ha dispuesto de esta manera? ¿Por qué no me ha provisto de una armadura que no tenga que reivindicar sobre una base diaria?" La respuesta a esto se puede ver, en parte, en la provisión de maná en el Antiguo Testamento. El Señor quería que los israelitas lo recogieran a diario. Cualquier exceso que recogieran, excepto para su uso el sábado, siempre se estropeaba. Tenía que ser recién recogido para sustentar la vida y dar bendición. Cada recolección diaria le recordaba a la gente que provenía de Dios; era Su provisión, evidencia de Su bondad. Nuestro Señor incluye en todos Sus tratos con nosotros unas provisiones que demandan una comunión diaria y una apropiación diaria de Su gracia. Puede haber ocasiones en las que nos pondremos cada pieza a prisas y con poca meditación. Pero habrá otras ocasiones en las que meditaremos cuidadosamente acerca del significado de cada pieza de la armadura, resultando ello en una amante adoración de nuestro Señor.

ÁNGELES GUARDIANES

Los ángeles ejercen una parte más importante en escudarnos de lo que la mayoría de nosotros somos conscientes. Hebreos 1:14 dice: "¿No son todos espíritus ministradores, enviados para servicio a favor de los que serán herederos de la salvación?"

El salmista prometió: "Pues a sus ángeles mandará acerca de ti, que te *guarden* en todos tus caminos" (Salmo 91:11, énfasis añadido).

En textos así, el término *ángel de la guarda* asume un significado relevante. Los ángeles ejercen un papel vital en el cumplimiento del plan soberano de Dios para escudarnos de los dardos de Satanás. Como seres espirituales, los santos ángeles no están limitados como nosotros al mundo físico. Ven a los ángeles caídos cuando nos atacan, y pueden avanzar contra ellos.

Vemos una imagen llamativa del ministerio de los ángeles en la historia de Eliseo en 2 Reyes. El rey de Siria quería ejecutar sus planes contra el rey de Israel, pero cada vez que los tramaba, el rey de Israel sabía acerca de ellos y le frustraba. Enfurecido, el rey de Siria se convenció de que algunos de sus propios hombres estaba cooperando con el rey de Israel. Uno de sus oficiales le dijo: "No, rey señor mío, sino que el profeta Eliseo . . . declara al rey de Israel las palabras que tú hablas en tu cámara más secreta" (2 Reyes 6:12).

Al saber esto, el rey de Siria envió un fuerte contingente de tropas armadas y a caballo para rodear la ciudad de Dotán y capturar y acabar con Eliseo.

A la mañana siguiente, cuando el siervo de Eliseo vio la ciudad rodeada, se atemorizó enormemente, pero cuando se lo contó a Eliseo, el profeta estaba sereno. "No tengas miedo, porque más son los que están con nosotros que los que están con ellos" (2 Reyes 6:16).

Eliseo pidió al Señor que dejara que su siervo viera la protección de la hueste angélica, y repentinamente el siervo vio las laderas del monte llenas de jinetes y de carros de fuego alrededor de Eliseo. Al acercarse las tropas enemigas, quedaron azotadas de ceguera por las huestes del Señor, y fueron desviadas y derrotadas.

Los ángeles están más activos en nuestros asuntos que lo que la mayoría de nosotros nunca llegamos a darnos cuenta. Hebreos 13:2 nos recuerda: "No os olvidéis de la hospitalidad, porque por ella algunos, sin saberlo, hospedaron ángeles." Los ángeles entablan batalla contra los poderes de las tinieblas en Daniel 10. El santo ángel que acudió ante Daniel había librado un combate con un ángel caído llamado "el príncipe del reino de Persia." Incluso Miguel, uno de los principales de los santos ángeles, se involucró, y se hace referencia a una batalla adicional con el príncipe de Persia y el príncipe de Grecia (Daniel 10:15-21).

Al tomar tu escudo de fe, pide que la presencia de los santos ángeles te proteja. Saber que los ángeles están en los montes a tu alrededor mientras te enfrentas a tu enemigo es muy tranquilizador. Eliseo no tenía más necesidad de protección que nosotros. Todo aquel que está en la obra del Señor es un objetivo a destruir.

LA SANGRE DE CRISTO

Nunca debemos olvidar que la sangre de Jesucristo es la base de la aceptación del creyente por parte de nuestro santo y justo Padre celestial. "En quien tenemos redención por su sangre, el perdón de pecados según las riquezas de su gracia. . . . Pero ahora en Cristo Jesús, vosotros que en otro tiempo estabais lejos, habéis sido hechos cercanos por la sangre de Cristo" (Efesios 1:7; 2:13). Versículos como éstos armonizan con 1 Pedro 1:2, 19 y Hebreos 9:7-14 para establecer que es por medio de la sangre de Cristo que Dios puede aceptarnos.

La sangre de Cristo tiene un poderoso efecto en derrotar a Satanás. En Apocalipsis 12:11 una fuerte voz del cielo proclama la derrota de Satanás y la victoria de los redimidos con estas palabras: "Y ellos le han vencido por medio de la sangre del Cordero y de la palabra del testimonio de ellos, y menospreciaron sus vidas hasta la muerte."

La muerte de Cristo con el derramamiento de Su sangre nos escuda de manera efectiva. Hebreos 2:14-15 afirma: "Así que por cuanto los hijos participaron de carne y sangre, él también participó de lo mismo, para destruir por medio de la muerte al que tenía el imperio de la muerte, esto es, al diablo, y librar a todos los que por el temor de la muerte estaban durante toda la vida sujetos a servidumbre."

¡Qué escudo más perfecto y completo que tenemos! Extingue todas las saetas ardientes de Satanás, si lo empleamos. La negligencia en el uso del escudo permitirá que algunos de los dardos ardientes de Satanás obren en contra de los creyentes.

TOMANDO EL ESCUDO

Amante Padre celestial, tomo por fe la protección del escudo de la fe. Cuento con tu santa presencia para que me rodee como una envoltura total, ofreciendo una protección total de todos los dardos de fuego del maligno. Concédeme la gracia de aceptar tu propósito afinador al permitir que algunos de los dardos de Satanás me alcancen, e incluso que te alabe por ello. Ayúdame a concentrarme en tu presencia y no en los dardos del enemigo.

En nombre del Señor Jesucristo reivindico la protección de los santos ángeles para que me guarden y escuden de los asaltos del reino de Satanás. Que estos ángeles ministradores estén presentes para interponerse contra la estrategia de Satanás para dañarme a mí y a mi familia. Me apropio de la victoria de la sangre del Señor Jesucristo, y la sostengo contra los avances del maligno. Con gratitud y alabanza, en el nombre del Señor Jesucristo, me regocijo en tu victoria. Amén.

9

Toda la armadura de Dios: El yelmo de la salvación

Y tomad el yelmo de la salvación. (Efesios 6:17*a*)

No os conforméis a este siglo, sino transformaos por medio de la renovación de vuestro entendimiento, para que comprobéis cuál sea la buena voluntad de Dios, agradable y perfecta. (Romanos 12:2)

En *The Strategy of Satan* (La estrategia de Satanás), Warren Wiersbe cuenta las cuatro veces en el Antiguo Testamento que Satanás tiene un contacto directo con personas. El primer estudio trata de la tentación de Eva en el Huerto. La primera estrategia de Satanás, tal como se registra en Génesis 3:1-7, se centró en la mente de Eva. El apóstol Pablo ve este enfoque como una de las principales estrategias de Satanás. 2 Corintios 11:3 nos dice: "Pero temo que, así como la serpiente con su astucia engañó a Eva, vuestras *mentes* sean desviadas de la sencillez y pureza de la devoción a Cristo" (énfasis añadido).

La mente bajo asedio

El blanco de Satanás es nuestra mente. Sus armas son sus sutiles y astutas mentiras (Génesis 3:1-7; Juan 8:44; Romanos 1:25). Sus mentiras son tan astutas que tenemos poca defensa contra ellas a no ser que conozcamos profundamente la verdad. Satanás quiere mantenernos ignorantes de la verdad de Dios para poder controlar nuestras mentes.

Un padre canadiense acudió a verme, con el corazón partido. Un hombre sexagenario, me contó la triste historia de su hija.

En su juventud y adolescencia su hija había sido una estudiante brillante. A lo largo de su educación formal había ganado la mayor parte de los premios académicos. Su destreza en mecanografía le permitió casi llegar a establecer una nueva marca para la velocidad

117

de escribir a máquina. Estaba llena de felicidad y tenía un gozo vital que atraía a todos.

Pero dentro de su corazón había un vacío; un hueco que anhelaba llenar. Por su propia admisión, su padre era al menos un agnóstico, si no un ateo declarado. Su matrimonio había acabado en divorcio, y los estrechos lazos familiares estaban severamente tensos. Sin valores espirituales, su brillante hija comenzó a buscar algo que llenase el vacío espiritual.

Estudió la mística oriental y se envolvió profundamente en el movimiento Hare Krisna. Siguió la meditación trascendental durante un tiempo con un fervor evangelístico, y se casó con un hombre envuelto en el estudio de la mística oriental. Le dio sus ahorros de cinco mil dólares para que fuera a la India y estudiara bajo un renombrado maestro. Al volver de aquel estudio, los dos comenzaron a experimentar con ocultismo, envolviéndose en sesiones espiritistas y otras prácticas de hechicería. Cuando comenzó a verse acosada por experiencias aterradoras con el mundo espiritual durante esta experimentación, tuvo una experiencia cristiana superficial que ella llamó "nacer de nuevo". Parece seguro que no se trataba del "renacimiento" espiritual de que habló nuestro Salvador. El fruto de esta experiencia fue un extremado fanatismo y una vida pecaminosa continuada.

La confusión comenzó a regir en su mente. No podía trabajar y entró y salió de hospitales mentales. Ella y su marido vivían juntos sólo de manera esporádica. Le tuvieron que quitar su bebé debido a su descuido, y entregó bien dispuesta su hijo en adopción. Aunque su brillantez seguía siendo patente, su mente no parecía ser suya. Voces externas le decían qué hacer, y su confusión la dejaba impotente, inestable e incapaz de actuar. El desolado padre, aún no creyente, preguntó si la iglesia podría ser de ayuda para su hija.

Los casos de este tipo están multiplicándose en nuestro tiempo. Estoy ahora trabajando al menos con media docena de casos que son casi idénticos. Buenas mentes, a menudo mentes brillantes, quedan irremediablemente confundidas y desorientadas. Demasiadas veces la persona angustiada no está bien dispuesta a buscar ayuda por sí misma. No puede comprender por qué nadie esté inquieto por su conducta errática. Sólo quiere que la dejen sola para poder proseguir con su vida irresponsable. Cuando esto sucede, esta persona deviene una carga terrible para su familia y para la sociedad.

El apóstol Pablo parece que tenía esta situación en mente cuando le dijo a Timoteo que "corrigiendo tiernamente" a tales personas, "por si acaso Dios les da el arrepentimiento que conduce al pleno conocimiento de la verdad, y volviendo en sí, escapen del lazo del diablo, habiendo estado cautivos de él para hacer su voluntad" (2 Timoteo 2:25-26, BLA). El énfasis sobre "corregir tiernamente", "conocer plenamente la verdad" y "volver en sí" parece indicar que el problema es de engaño; habían creído algo falso como verdadero.

Para recuperar a alguien de tal estado, cerciórate primero de que es salvo de manera genuina. Luego, ponlo bajo el cuidado de un cristiano bien arraigado. La enseñanza sistemática de la verdad de Dios en base de la Biblia, la memorización de grandes porciones de la Palabra, y una cuidadosa instrucción en la guerra espiritual son los tres pasos más importantes para ayudar a una persona a liberarse de tales problemas.

PROTEGIENDO LA MENTE

Físicamente, la cabeza del hombre es una de sus partes más vulnerables. Los soldados no son los únicos que llevan cascos, o yelmos. Los obreros de la construcción, los motociclistas, los jugadores de fútbol americano, e incluso los jugadores de béisbol cuando batean llevan cascos protectores. Si la cabeza resulta seriamente dañada, el resto del cuerpo pronto comienza a funcionar mal.

Recientemente, un joven de nuestra iglesia fue dañado en un accidente industrial. Un pesado barril cayó desde doce metros de altura, rompiéndole la espalda por varios lugares. A pesar de las graves heridas en su cuerpo, probablemente se habría recuperado, si no hubiera sido por el terrible daño infligido a su cerebro. Cuando el cerebro comenzó a fallar, no pasó mucho tiempo antes que el resto de los órganos de su cuerpo comenzaran también a fallar, y sobrevino la muerte.

En asuntos espirituales sucede lo mismo. Si Satanás puede capturar la mente con sus mentiras, comienza a controlar y a destruir a toda la persona. Si la mente se va, todo se va.

Durante mis tiempos de seminario trabajé en construcción, en un proyecto gubernamental. Había una norma férreamente impuesta. Nadie podía estar en ningún lugar en aquel gran proyecto en construcción sin su casco. No llevarlo era motivo para el despido inmediato. Con la misma clase de apremio, el apóstol Pablo nos apremia a llevar nuestro yelmo de salvación.

Muchos pasajes bíblicos nos advierten que nuestras mentes son vulnerables a las sutiles añagazas de Satanás. Santiago 1:8 nos advierte de que un "hombre de doble ánimo es inconstante en todos sus caminos". Tener doble ánimo es tratar de vivir con dos mentes. Es una especie de esquizofrenia espiritual; la mente se divide en dos partes. Una parte cree la verdad, y la otra parte cree las mentiras de Satanás.

Cuando David oró: "Unifica mi corazón, para que tema tu nombre", estaba exhibiendo su consciencia del problema de tener un doble ánimo en asuntos espirituales (Salmo 86:11, BLA). Tenemos que estar también conscientes de la tendencia a tener fe aquí, pero a no tener fe allí, a estar dispuestos a ser victoriosos aquí, pero a ser pecaminosos allí, a querer hacer la voluntad de Dios hasta un cierto punto, pero a no querer la voluntad de Dios más allá de ello. Si Satanás no puede controlar tu mente del todo, se contentará con tomar la parte que le dejes tener. Ya sabe que conseguirá más después.

ESTRATEGIAS SATÁNICAS PARA CONTROLAR LA MENTE

Efesios 2:1-3 deja claro que antes de nuestra conversión estábamos bajo el control del "príncipe de la potestad del aire, el espíritu que ahora opera en los hijos de desobediencia" (Efesios 2:2). Colosenses 1:21 nos dice que "erais en otro tiempo extraños y enemigos en vuestra *mente*, haciendo malas obras" (énfasis añadido).

Romanos 8:6-7 (BLA) afirma: "Porque la mente puesta en la carne es muerte, pero la mente puesta en el Espíritu es vida y paz; ya que la mente puesta en la carne es enemiga de Dios, porque no se sujeta a la ley de Dios, pues ni siquiera puede hacerlo." Así como Satanás es enemigo de Dios, de la misma manera su control convierte a nuestras mentes en enemigo de Dios.

Satanás puede controlar la mente de un cristiano. Ananías y Safira eran verdaderos creyentes y miembros de la iglesia primitiva. Se encontraron con la disciplina más severa de Dios, la muerte, porque, como Pedro dice: "Llenó Satanás tu corazón para que mintieses al Espíritu Santo" (Hechos 5:3). Satanás ataca la mente de los creyentes incesante e implacablemente. Parece tener el poder para proyectar sus pensamientos en nuestras mentes de manera que pensamos que sus pensamientos son nuestros pensamientos. Así sucedió con Ananías y Safira. Ellos pensaron que la trama de guardar parte del dinero de su propiedad, mientras que decían a los discípulos que lo daban todo al Señor, era su propia idea, pero no lo era. Era la mentira de Satanás, proyectada en sus mentes, y ellos la creyeron y actuaron en base de ella.

Un hermano cristiano me compartía que estaba angustiado por pensamientos que le sobrevenían frecuentemente mientras estaba orando. De repente comenzaba a pensar: "¡Ora a Satanás, ora a Satanás!" Sentía una culpa terrible porque estos horripilantes pensamientos estuvieran en su mente. Se sintió enormemente aliviado al ver que los pensamientos eran proyectados a su mente por el reino de Satanás, y que él no era responsable por ellos. Era responsable sólo de resistirlos y rechazarlos y de mandar a los poderes de las tinieblas que le dejaran, en nombre de Jesús, y que se fueran a donde el Señor Jesucristo les enviara.

JESUCRISTO COMO NUESTRO YELMO

Cuando el anciano Simeón tomó en sus brazos al bebé Jesús y alabó a Dios, una de sus expresiones de alabanza fue: "Han visto mis ojos tu salvación" (Lucas 2:30). La salvación era una Persona que Simeón podía ver y sostener en sus brazos. El salmista declaró: "Jehová es mi luz y mi salvación" (Salmo 27:1). Pedro proclamó: "En ningún otro hay salvación" (Hechos 4:12). La salvación es una Persona más que una condición o estado del ser.

Un amigo mío ha pasado la mayor parte de su vida testificando acerca de Cristo al pueblo judío. Si un judío le dice: "El nombre de Jesús no es mencionado ni una sola vez en el Antiguo Testamento como el nombre del Mesías", se deleita en pasar a la Biblia hebrea, a un versículo de la Escritura que tenga en él la palabra *salvación*. Si conocen suficiente hebreo, les pide que pronuncien la palabra *salvación* en hebreo. La palabra es *Yeshuah*, que significa seguridad, liberación o salvación, y *Yeshuah* es también la manera de pronunciar el nombre *Jesús* en hebreo. Cada vez que un hebreo lee la palabra *salvación* en lengua hebrea, está leyendo el nombre *Jesús*. El ángel le dijo a José, acerca del niño que iba a nacer de María: "Llamarás su nombre JESÚS, porque él salvará a su pueblo de sus pecados" (Mateo 1:21). Él es nuestra salvación; la salvación es una Persona.

La verdadera salvación demanda que alguien te rescate a ti de una situación en la que tú no puedes hacer nada. Cuando era joven fui un día a nadar, un día muy caluroso de verano, con varios de mis hermanos y primos, a un estanque cercano. El agua, aunque muy fría cerca del fondo, estaba caliente en la superficie, y era ideal para nadar. Decidimos nadar atravesando el estanque, una distancia de alrededor de cincuenta metros, para ver quién llegaba el primero. No era entonces muy buen nadador, y cuando comencé a rezagarme y a cansarme, decidí volver nadando al punto de partida. Pero me estaba cansando muy rápidamente y comenzó a invadirme el pánico, añadiéndose a mi fatiga. Me pregunté si podría llegar. Finalmente, cuando mis fuerzas parecían agotadas, pensé que que estaba ya suficientemente cerca de la orilla para dejar de nadar y caminar hacia ella. Los pies fueron abajo, pero no encontré fondo. Me hundí. Mis pies tocaron fondo por fin, y me impulsé a la superficie. Con agua en los pulmones, demasiado débil para nadar, iba a hundirme por segunda vez cuando un hombre en la orilla me vio. Se lanzó rápidamente al agua, me tendió su fuerte mano y me así de ella con todas las fuerzas que me quedaban. Él me llevó hasta la orilla, y fui salvado. Él fue mi salvación. Yo no podía hacer ni una sola cosa para salvarme. En aquel momento necesitaba un salvador que impidiera que me ahogara.

Esto es cierto en el caso de todos los que son salvados de sus pecados. Estábamos perdidos y deshechos. Nos estábamos hundiendo por última vez y no podíamos hacer una sola cosa para rescatarnos. Necesitábamos la salvación: una Persona que nos tendiera Sus manos traspasadas por los clavos y que nos salvara de perecer para siempre. Esto es lo que hizo Jesucristo. Él es nuestra salvación.

Después de llegar a ser creyentes, sigue habiendo áreas en las que somos impotentes para salvarnos a nosotros mismos. Una de estas áreas es la mente. Necesitamos el yelmo de la salvación para que proteja nuestras mentes de los pensamientos proyectados y de las actitudes de Satanás y de sus poderes demoníacos.

CÓMO PROTEGE EL YELMO

La mejor manera de excluir los pensamientos de Satanás es retener dentro los pensamientos de Cristo. Tan cierto como que Satanás puede "llenar [nuestros] corazones", tanto más puede el Señor Jesús llenar nuestras mentes con Sus pensamientos. Pero a diferencia de Satanás, el Señor Jesús no entra donde no es invitado. Es por esto que nos toca a nosotros invitar al Señor Jesucristo para que nos ayude a pensar Sus pensamientos en pos de Él. Es una de aquellas responsabilidades de la gracia que constituye nuestro deber continuado. Es por esto que memorizamos la Palabra de Dios. Es una manera de ponernos la armadura.

Así, a lo largo del día deberíamos estar alerta para mantener esta postura de la fe. En el momento en que venga a la mente un pensamiento que reconocemos que es de la carne o de origen satánico, es bueno decir: "En el nombre del Señor Jesucristo rechazo este pensamiento como malo. Pido al Señor Jesucristo que lo sustituya con Sus pensamientos."

No hay una manera más segura de introducir en nosotros la mente de Cristo que poner Su Palabra en nuestras mentes. Decimos a menudo que Jesucristo es la Palabra viviente de Dios y que la Biblia es la Palabra escrita de Dios. Las Escrituras ofrecen una maravillosa correlación entre la Persona de Cristo y la Palabra de Cristo.

Cuando memorizamos la Palabra de Dios, ponemos verdaderamente en nuestras mentes la mente de Cristo. La Palabra deviene un yelmo de salvación para la mente y el corazón. David descubrió esto mucho antes que Jesús viniera a la tierra: "En mi corazón he guardado tus dichos, para no pecar contra ti" (Salmo 119:11). David estaba introduciendo en su corazón la mente de Cristo incluso antes que la Persona de Cristo hubiera sido revelada por medio de la encarnación. Si tienes una seria intención de proteger tu mente del control de Satanás, debes llenarla con la Palabra de Dios.

Lester Roloff, de la ciudad de Corpus Christi, en Texas, tenía un destacable ministerio entre delincuentes juveniles, drogadictos y alcohólicos. Muchas vidas caóticas quedaron ordenadas y sanadas por medio de sus hogares. Una clave de su éxito fue una firme disciplina aplicada con amor. Los residentes tenían que acatar la disciplina: evitar todo tipo de sustancias narcóticas, respetar la autoridad, trabajar y estudiar, adorar y orar, y lo más importante, memorizar la Palabra de Dios. Aprendían de memoria capítulos enteros de la Palabra de Dios. Las vidas que han girado de manera dramática mediante este ministerio son un testimonio de la importancia de introducir la Palabra de Dios en la mente.

El poder de la Palabra de Dios es esencial para la guerra espiritual. Los que están atormentados por el ataque de Satanás sobre sus mentes necesitan la Palabra de Dios en sus mentes. La cosa más efectiva que puedes hacer para alguien atormentado así es ayudarle a memorizar las Escrituras.

LA ESPERANZA ESCUDA LA MENTE

En 1 Tesalonicenses 5:8-9 el apóstol Pablo declara: "Pero nosotros, que somos del día, seamos sobrios, habiéndonos vestido con la coraza de fe y de amor, y con la *esperanza* de salvación como yelmo. Porque no nos ha puesto Dios para ira, sino para alcanzar salvación por medio de nuestro Señor Jesucristo" (énfasis añadido). Aquí el yelmo de salvación es descrito como la esperanza de salvación.

¿Has estado alguna vez perdido en un bosque? Es una experiencia aterradora. Formando parte de una expedición de caza de alces, me perdí en una ocasión durante la mayor parte de un día. Al salir aquella mañana del campamento, nuestro guía señaló a una cuenca a varias millas por encima de la línea del bosque, y explicó que nos reuniríamos allí durante la tarde. Si cualquiera de nosotros se separaba de su compañero de caza, tenía que dirigirse a aquella cuenca. Prometió encontrarse allí con nosotros y conducirnos de vuelta al campamento.

Se nos dieron instrucciones de que nos mantuviéramos apartados a un par de centenares de metros entre nosotros a fin de poder encontrar mejor a los alces. Pero esto hacía difícil mantener al compañero de caza a la vista, y no pasó mucho tiempo antes que mi compañero y yo nos separásemos. El bosque era tan inmenso que no podía ya ver aquella lejana cuenca. Encima, las nubes cubrieron el sol, y perdí mi sentido de orientación. Lo único que me servía de aliento acerca de que iba en la dirección correcta era que seguía yendo cuesta arriba. Después de varias horas de caminar y de trepar, ya no tenía tanto interés en la caza como en simplemente esperar que alguien me encontraría. No tenía ni idea de cómo podría ir de vuelta al campamento.

Finalmente, llegué al límite del bosque, vi la cuenca, me dirigí a ella, y me senté a esperar sobre una gran roca. Pasaron varias horas, pero no aparecieron ningunos cazadores. Para añadir a mi ansiedad, el cielo se oscureció, y comenzó a nevar ligeramente.

Estoy seguro que en aquel momento me habría dejado llevar por el pánico si no hubiera sido por una cosa. Tenía la esperanza de que mi guía vendría a por mí. Lo había prometido. Nos había dicho donde debíamos esperar. Estaba seguro de que estaba en la única cuenca rocosa de toda la zona, y que por ello tendría que acudir allí aunque pareciera que era demasiado tarde para que fuera. La nieve comenzó a caer más intensamente. Estaba sintiendo el frío, y sabía que si caía una nevada intensa estaría irremediablemente perdido y que probablemente moriría de frío si no recibía socorro. Lo que me mantuvo confiado fue la esperanza de que mi guía llegaría.

Finalmente, al atardecer, vi muy abajo a un hombre ascendiendo hacia mí. Era nuestro guía. Había cumplido su palabra. El resto de los cazadores había vuelto atrás debido a la nieve, pero había venido con mi compañero de caza para buscarme. Me sentí muy feliz de verlos. Me sentía mareado por la altitud debido a mis esfuerzos, y nunca hubiera podido salir de allí solo. A la mañana, se habían acumulado sesenta centímetros de nieve en nuestro campamento, y tuvimos que irnos de las montañas para no quedar copados por la nieve.

Esta experiencia ayuda a ilustrar la esperanza de salvación. Cristo es nuestra salvación y nuestra esperanza. Él viene para rescatarnos. En el momento de Su venida será cosa cierta, pero es también cierto en cada experiencia de la vida del creyente. Precisamente cuando nos sentimos perdidos y abandonados del todo, justo cuando el enemigo parece estar logrando la victoria, precisamente cuando la tormenta es más intensa, la esperanza de la salvación acude para llevarnos de nuevo a lugar seguro. Si el yelmo de la salvación está cubriendo nuestras mentes, nunca tendremos que perder la esperanza. Siempre sabemos que volverá. Sabe donde estamos. Dios ha dicho: No te desampararé ni te dejaré; de manera que podemos decir confiadamente: El Señor es mi ayudador; no temeré lo que me pueda hacer el hombre" (Hebreos 13:5-6).

El escritor de la carta a los Hebreos hace una inquisidora pregunta a los creyentes: "¿Cómo escaparemos nosotros, si descuidamos una salvación tan grande? La cual, habiendo sido anunciada primeramente por el Señor, nos fue confirmada por los que oyeron" (Hebreos 2:3). Esta pregunta es relevante para la guerra espiritual. Dios nos ha provisto con el yelmo de la salvación; nosotros hemos de tomarlo. No debemos asumir pasivamente nuestra salvación, sino tomarle de manera activa a Él, Su mente, Su Palabra, Su poder y Su presencia. El énfasis no recae en ser salvos de nuestros pecados, sino en lo que nos es puesto a disposición desde que hemos sido salvados. Es una salvación de protección, de asegurar la victoria sobre los ataques y las presiones del reino de Satanás.

PONIÉNDOSE EL YELMO

Amante Padre celestial, tomo por fe el yelmo de salvación. Reconozco que mi salvación es la Persona de tu Hijo, el Señor Jesucristo. Cubro mi mente con Él. Deseo que Él ponga su mente dentro de mí. Que mis pensamientos sean Sus pensamientos. Abro mi mente plena y solamente al control del Señor Jesucristo. Reemplaza mis propios pensamientos egoístas y pecaminosos con los Suyos. Rechazo todo pensamiento proyectado de Satanás y de sus demonios y pido en lugar la mente del Señor Jesucristo. Concédeme la sabiduría para discernir pensamientos que proceden del mundo, de mi naturaleza pecaminosa y del reino de Satanás.

Te alabo, Padre celestial, que puedo conocer la mente de Cristo al guardar tu Palabra en mi mente y corazón. Abre mi corazón a amar tu Palabra. Concédeme la facilidad y capacidad de memorizar grandes porciones de ella. Que tu Palabra esté siempre en mi mente como un yelmo de fortaleza, que los pensamientos proyectados por Satanás no puedan penetrar. Perdóname por mi negligencia, por mi descuido en tomar activamente la salvación que siempre está a mi disposición. Ayúdame a cumplir la disciplina del deber diario de apropiarme de tu salvación. Estas cosas te las presento en el precioso nombre de mi Salvador, el Señor Jesucristo. Amén.

10

Toda la armadura de Dios: La espada del Espíritu

Tomad . . . la espada del Espíritu, que es la palabra de Dios. (Efesios 6:17b)

Cuando el apóstol Pedro hizo su gran confesión al Señor Jesús: "Tú eres el Cristo, el Hijo del Dios viviente", el Señor Jesús le respondió de manera muy estimulante: "Y yo también te digo, que tú eres Pedro, y sobre esta roca edificaré mi iglesia; y las puertas del Hades no prevalecerán contra ella. Y a ti te daré las llaves del reino de los cielos; y todo lo que ates en la tierra estará atado en los cielos; y todo lo que desates en la tierra, estará desatado en los cielos" (Mateo 16:16, 18-19).

Esta es una promesa que establece la oportunidad que cada creyente tiene para derrotar activamente el reino de Satanás. Nuestra batalla ha de ser mucho más que meramente defensiva. Tenemos la oportunidad de ser agresivos y de realmente invadir el reino de Satanás. El infierno, o Hades en este texto, se refiere al mundo invisible de los seres caídos. Durante varios años vi este pasaje sólo como una promesa de nuestro Señor de proteger a Su iglesia de los ataques de Satanás. Este pensamiento, desde luego, está ahí, pero la promesa va mucho más allá. La palabra griega *katischuo*, traducida "prevalecerán", significa literalmente "no resultarán más fuertes que". El propósito primario de las puertas de Satanás es proteger lo que pretende suyo. Quiere aferrarse a lo que le pertenece y edificar unas puertas tan fuertes que no podamos conseguir nada de lo que él pretende suyo y arrebatárselo. Nuestro Señor nos dice que Su iglesia podrá penetrar por estas puertas y tomar de Satanás lo que él querría guardar como propio.

ATANDO Y DESPOJANDO A NUESTRO ENEMIGO

Cuando los fariseos acusaron a Jesús de echar fuera demonios por

127

el poder de "Beelzebub, príncipe de los demonios", tanto Mateo como Marcos registran que nuestro Señor conocía sus pensamientos, y que les mostró que el reino de Satanás no podría mantenerse si estuviera dividido como ellos decían (Mateo 12:22-29; Marcos 3:22-27). Luego hizo una declaración sumamente dramática y que se aplica a nuestra victoria sobre Satanás: "¿Cómo puede alguno entrar en la casa del hombre fuerte, y saquear sus bienes, si primero no le ata? Y entonces podrá saquear su casa" (Mateo 12:29). Como creyentes, y unidos con Cristo en Su autoridad, podemos guerrear contra Satanás de tal manera que podemos vencerle, atarle, y robarle o despojarle de lo que él pretende como propio.

Nuestra actitud no ha de ser meramente la de protegernos, por importante que esto sea. Debemos considerarnos como invencibles soldados de Cristo, que podemos avanzar contra este "hombre fuerte", Satanás, invadir su dominio, y arrebatarle las personas y las fortalezas espirituales que él pretende. Las otras partes de la armadura en Efesios 6 son principalmente protectoras y defensivas, pero ahora llevamos a ver que nuestra visión espiritual debe ir más allá de la actitud defensiva. La "espada del Espíritu" es un arma agresiva así como un medio defensivo.

La analogía de un ejército humano puede ayudarnos para ver esta verdad. Supongamos que un ejército moderno fuera a especializarse sólo en la defensa. Las tropas tendrían los yelmos más fuertes y resistentes a las balas que se pudieran hallar. Cada soldado estaría equipado con chalecos antibalas que no podrían ser penetrados por los rifles modernos. Tendrían tanques con la coraza más gruesa, reactores de caza con la mayor velocidad y maniobrabilidad, y todo otro tipo de armas protectoras imaginables. Sólo hay un problema. Este ejército defensivo no tiene una sola bala, ni rifles, ni cohetes, ni bombas, ni artillería. ¿Qué le sucedería a un ejército así contra un enemigo agresivo? Aquel enemigo, aunque no estuviera tan bien equipado en lo defensivo, irá machacando las defensas, y finalmente la agresión logrará su objetivo. El viejo adagio de "la mejor defensa es un buen ataque" tiene también su aplicación en la guerra espiritual. "Porque aunque andamos en la carne, no militamos según la carne; porque las armas de nuestra milicia no son carnales, sino poderosas en Dios para la destrucción de fortalezas" (2 Corintios 10:3-4). Aunque Satanás apremia una batalla implacable contra cada creyente, el creyente que se da cuenta de que es responsable de llevar la batalla al enemigo es el que vence.

Un cristiano que estaba experimentando una severa batalla con Satanás y su reino demoníaco buscó mi consejo. Los poderes de las tinieblas le sugerían pensamientos como "Maldice a Dios", "Destroza la Biblia", "Incendia la iglesia", y otros de naturaleza aún más vulgar. Después de enseñarle cuidadosamente y de alentarle en esta batalla, le instruí que se volviera muy agresivo contra los pensamientos que parecieran de origen demoníaco. Le apremié a que cuando le vinieran pensamientos así, que dijera algo como esto: "Rechazo estos pensamientos de maldecir a Dios, y elijo en lugar de ello honrar al Señor. En el nombre del Señor Jesucristo, ato el poder de las tinieblas que proyecta estos pensamientos en mi mente, y os ordeno a vosotros y a todos los que colaboran con vosotros que me dejéis y vayáis a donde el Señor Jesucristo os envíe."

Su reacción fue la normal de tanta gente que se encuentra bajo tal opresión. Había estado intimidado durante tanto tiempo por la feroz oposición de Satanás, que me dijo: "¿Puedo hacerlo? Tengo miedo de esto. Soy sólo un hombre, y Satanás es muy poderoso."

Satanás querría mantenernos pensando de esta manera tan equivocada. Siempre quiere impedir que pasemos a la ofensiva.

Nuestras armas ofensivas

Tenemos esencialmente dos armas ofensivas a emplear contra Satanás. Son la *Palabra de Dios* y la *oración*. En los tiempos de la iglesia primitiva, los apóstoles estaban conduciendo la lucha, llevando la batalla al campo enemigo, e invadiendo sus puertas. No se puede hacer esto sin un énfasis apropiado en las armas ofensivas. Hechos 6 describe lo que sucedió cuando surgió la necesidad de que alguien asumiera la distribución diaria de alimentos a las viudas. La iglesia escogió a los primeros representantes para el servicio de la iglesia para que los apóstoles pudieran dejarles a ellos "este trabajo . . . y persistir en la oración y en el ministerio de la palabra" (cp. Hechos 6:3-4). El progreso en la obra del Señor demanda un empleo activo de la oración y de nuestra espada, la Palabra de Dios.

La espada es lo último en la lista de las piezas de la armadura. ¿Por qué?

Por una parte, no estamos listos para emplear nuestras armas agresivas contra el reino de Satanás hasta que todas las otras piezas de la armadura estén en su sitio. Ninguno de nosotros está preparado para marchar a la batalla sin su armadura. La espada es mencionada en último lugar como una advertencia en contra de emprender la guerra de manera presuntuosa y atolondrada. En nuestra valerosa visión de la guerra invencible nunca debemos olvidar quién es nuestro enemigo. Es el más poderoso de todos los seres creados. Era un enemigo formidable incluso para el arcángel Miguel. "Pero cuando el arcángel Miguel contendía con el diablo, disputando con él por el cuerpo de Moisés, no se atrevió a proferir juicio de maldición contra él, sino que dijo: El Señor te reprenda" (Judas 9). Este versículo aparece en una sección advirtiendo a aquellos que "rechazan la autoridad y blasfeman de las potestades superiores" (Judas 8).

Aunque tenemos autoridad, como creyentes, para ser valerosos e intrépidos en nuestra batalla contra Satanás, no tenemos derecho a ser petulantes ni presuntuosos. La base de nuestra victoria es que estamos unidos con Cristo, que ha derrotado a Satanás. Incluso el Señor Jesús, en sus encuentros con Satanás, resistió al diablo con dignidad y un respeto apropiado al papel creado para Satanás (Mateo 4:1-11). Como se ha mencionado en el capítulo 3, Hechos 19:13-20 provee una ilustración de algunas personas que se lanzaron a la batalla contra los poderes de las tinieblas con presunción y petulantemente. Los siete hijos de Esceva, uno de los principales sacerdotes de los judíos, observaron a Pablo invocando el nombre del Señor Jesucristo sobre personas endemoniadas, liberándolas de esta manera de su esclavitud. Ellos pensaban también que podrían emplear el nombre del Señor Jesús para liberar a personas afligidas de este modo, e intentaron usar la fórmula: "Os conjuro por Jesús, el que predica Pablo". La respuesta del demonio fue clara: "A Jesús conozco, y sé quién es Pablo; pero vosotros, ¿quiénes sois?" Y en este momento, el hombre endemoniado "saltando sobre ellos y dominándolos, pudo más que ellos, de tal manera que huyeron de aquella casa desnudos y heridos" (Hechos 19:13-16).

El mensaje de este incidente debería ser claro. No se puede tomar a la ligera el reino de Satanás. Aunque probablemente aquellos hombres no eran todavía creyentes en el Señor Jesucristo, la advertencia tiene aplicación hoy día a los verdaderos creyentes. Un avance descuidado y sin preparación contra el reino de Satanás, y que carezca de una plena consciencia de nuestra unión con Cristo, del ministerio del Espíritu Santo y de la provisión de nuestra armadura, puede resultar desastroso.

Hay misioneros que se han encontrado en graves problemas por un acercamiento descuidado a la batalla. He sabido de varios que han experimentado severos problemas al tratar estas cosas a la

ligera. Un amigo misionero le daba poca importancia a los fetiches
e ídolos de madera dedicados al culto a Satanás. Al convertirse un
brujo, le pidió que le diera sus fetiches e ídolos para guardarlos y
exponerlos como artefactos misioneros. Las consecuencias casi
resultaron permanentemente desastrosas. Le sobrevinieron aflicciones
y terribles problemas a él y a su familia. La opresión era devastadora.
Pareció por un tiempo que no sería capaz de proseguir su servicio
misionero. Finalmente, quemó aquellos artículos, y buscó el perdón
del Señor por su actitud descuidada acerca de la realidad del poder
de Satanás.

EL PODER DE LA PALABRA DE DIOS

La espada del Espíritu es la *Palabra de Dios*. En correspondencia
con Juan 1:1, el Señor Jesús es frecuentemente mencionado como
"la Palabra viviente", así como la Biblia es la Palabra escrita. Pero
tenemos que tener cuidado en no deificar la Palabra escrita hasta el
punto de adorarla. Debemos adorar no la Biblia, sino al Dios de la
Biblia. Sin embargo, debido a que es la misma Palabra de Dios y
nunca pasará, la Biblia tiene muchos de los atributos del mismo
Dios.

Es la Palabra eterna así como el mismo Dios es eterno. Así como
Dios es omnipotente, así Su Palabra tiene todo poder para derrotar a
Satanás y para cumplir la voluntad de Dios. Así como Dios es
inmutable, de la misma manera la Palabra de Dios nunca cambiará.
Así como nuestro Señor es omnipresente, también Su Palabra está
siempre ahí, y lista para ser empleada en toda situación. Así como
Dios es santo, también Su Palabra es santa. El escritor de Hebreos
dice: "Porque la palabra de Dios es viva y eficaz, y más cortante que
toda espada de dos filos; y penetra hasta partir el alma y el espíritu,
las coyunturas y los tuétanos, y discierne los pensamientos y las
intenciones del corazón" (Hebreos 4:12).

LA OPERACIÓN INTERIOR DE LA PALABRA

La espada de la Palabra tiene el poder de penetrar al interior de
la vida. Está dada para hacer cirugía correctiva dentro del alma,
espíritu, pensamientos y actitudes del creyente. Este es quizá el
secreto de su poder contra Satanás. Al emplearla el creyente, la
Palabra puede penetrar, limpiar y cambiar la vida del creyente, y al
hacerlo así, cortar y eliminar la influencia de Satanás sobre aquella
vida.

Nada tiene tanta importancia en la guerra espiritual como introducir la Palabra de Dios en la mente y en el corazón del creyente. Esto hará más por liberar a la persona de la opresión y aflicción de Satanás que cualquier otro método que yo sepa.

Un hermano cristiano que había caído bajo una severa opresión del enemigo quedó incapacitado durante varios años para trabajar o asistir a la iglesia. Se retiró de la vida y del deber. El temor, la depresión y el tormento parecían regir su vida. Luego vino la victoria, cuando comenzó a memorizar grandes porciones de la Palabra de Dios. A diario meditaba porciones de las Escrituras y repetía su significado. Fue asombroso ver el cambio que este sencillo procedimiento ejerció en su vida. Todo el que tenga serias intenciones acerca de la guerra espiritual tiene que memorizar la Palabra y meditar acerca de ella de manera diaria, incluso cada hora.

No hay ningún sustitutivo para una aplicación persistente, estable y consistente de la Palabra de Dios contra Satanás. El Señor Jesucristo empleó este enfoque en Su dramático encuentro con Satanás en el desierto, registrado en Lucas 4:1-3.

Había estado ayunando durante cuarenta días. Al final de este tiempo, Jesús sintió hambre, y el alimento estaba a muchos kilómetros de distancia. Satanás tentó a nuestro Señor diciéndole: "Si eres Hijo de Dios, di que estas piedras se conviertan en pan" (Mateo 4:3). Como réplica, Jesús citó de Deuteronomio 8:3: "No sólo de pan vivirá el hombre, sino de toda palabra de Dios" (Lucas 4:4).

A continuación, Satanás intentó tentar al Señor Jesús para que tomara un atajo a la gloria de Su reino venidero adorándole a él. Una vez más Cristo citó la Palabra: "Escrito está: Al Señor tu Dios adorarás, y a él solo servirás" (Lucas 4:8).

La tentación final vino en el pináculo del Templo en Jerusalén, donde Satanás trató que Jesús se echara "de aquí abajo". Aquella vez, el mismo Satanás citó las Escrituras, del Salmo 91:11-12. Una vez más el Señor Jesús empleó persistentemente el arma de la Palabra, citando Deuteronomio 6:16, donde dice: "No tentarás al Señor tu Dios" (Lucas 4:12). En este punto, el diablo dejó a Jesús "hasta un tiempo oportuno" (Lucas 4:13, RVR77). Fue derrotado por el persistente empleo de la "espada" por parte del Salvador, pero estaba decidido a intentarlo de nuevo.

El siervo de Cristo encontrará a Satanás empleando la misma pauta de ataque contra él. Y Satanás abandonará sólo cuando vea que la Palabra de Dios es aplicada persistentemente contra él.

INSTRUCCIONES PARA EL EMPLEO DE LA ESPADA

Una de las necesidades más evidentes para el empleo de la "espada" es *conocer la Palabra de Dios.* Era práctica aceptada para los muchachos judíos devotos de la era de nuestro Señor memorizar los primeros cinco libros del Antiguo Testamento. Para la mayoría de nosotros, esto parecería una tarea imposible, pero hay personas que viven hoy día que han memorizado todo el Nuevo Testamento. Otros conocen grandes porciones de ambos Testamentos. Parece evidente que la capacidad del Señor Jesucristo para citar rápidamente del libro de Deuteronomio fue una clave para la derrota de Satanás.

La memorización de las Escrituras es una de las disciplinas más urgentemente necesarias del hogar cristiano y de la iglesia cristiana. Si no nos equipamos para la batalla memorizando la Palabra, nuestra mejor arma estará fuera de nuestro alcance cuando más la necesitemos. Satanás está esperando encontrar "un tiempo oportuno" en nuestras vidas. Este tiempo oportuno vendrá cuando no tengamos una Biblia cerca, y nuestra arma estará fuera de nuestro alcance si no la tenemos memorizada.

Hay muchas maneras de memorizar. Algunos pueden memorizar grandes secciones de la Palabra sencillamente leyéndolas muchas veces. Durante muchos años, visitando a pacientes en hospitales, les leía pasajes favoritos de la Palabra que hablaban de la consolación del Señor. Un día, habiendo olvidado la Biblia en el automóvil, descubrí para mi sorpresa que podía citar estas porciones casi a la perfección. Otros encontrarán útil escribir versículos o párrafos en tarjetas para llevar consigo, y luego trabajar para memorizarlos en momentos libres. Es útil trabajar con otra persona cuando se memoriza, para poderse comprobar unos a otros. La mayoría de las personas trabajan más eficazmente bajo el principio de tener que dar cuenta a otro.

Es igualmente importante que *comprendas correctamente la Palabra de Dios.* Uno que memorice la Palabra tiene que ser también quien "traza rectamente la palabra de verdad" (2 Timoteo 2:15). Cuando Satanás citó las Escrituras a Jesús durante Su tentación, las interpretó mal. Este es uno de los más astutos trucos de Satanás. Quiere que entendamos o empleemos mal la Palabra. Algunos de los más eficaces instrumentos humanos que tiene Satanás son personas que emplean la Biblia continuamente pero de manera incorrecta.

Cuando se memoriza la Palabra de Dios, es muy eficaz expresar en tus propias palabras lo que dice el texto. Si tienes duda alguna acerca del significado, emplea un comentario bíblico digno de confianza para lograr un entendimiento correcto.

Satanás puede emplear un entendimiento incorrecto de un pasaje de las Escrituras para paralizar la eficacia de un cristiano. Un día tuve una llamada de una dama cristiana que estaba en gran angustia. Era la mujer de un médico importante de una ciudad lejana, y muy activa en una iglesia fielmente bíblica. Había caído en grandes dificultades por dos pasajes de las Escrituras en el libro de Hebreos (6:4-6; 10:26-31). Satanás persistía en atormentarla haciéndole creer que ella había "recaído" y que había perdido su salvación, y que no podía volver a ser salvada. Tratando de ayudarla, le pregunté si jamás había orado acerca de estos pasajes, si los había leído repetidas veces, y tratado de comprender lo que verdaderamente decían. "Oh, no —fue su contestación.— Siempre me atemorizan mucho, y trato de no leerlos."

Su respuesta era típica de cómo Satanás trata de emplear mal la Palabra de Dios. Al atormentarla, su enemigo podía impedirle conocer profundamente la Palabra. La apremié a que hiciera un estudio exhaustivo de estos pasajes. Desde luego, éstos son unos de los textos más difíciles de comprender, y le aseguré que encontraría a buenos eruditos bíblicos que diferían en su enfoque de estos textos. Pero la Palabra es la verdad de Dios, y Dios quiere que la conozcamos.

Tenemos que conocer las Escrituras e insistir en que el enemigo reconozca nuestra posición. Sólo podemos hacer esto de manera eficaz al edificar nuestras vidas en la Palabra de Dios, "arraigados y cimentados" en la verdad. No podemos apoyar una acción bélica eficaz sobre ninguna otra cosa. Los sentimientos no servirán. Los sentimientos son tan mudables como el viento. Nuestra propia disciplina y dedicación no servirán. Un día estamos fuertes, otro día abatidos. Sólo la Palabra de Dios trata eficazmente al enemigo.

Satanás no se irá fácilmente de ti ni siquiera cuando emplees la Palabra contra él. Te pondrá a prueba e intentará llevarte a dudar de la verdad de la Palabra. Te retará. Es siempre importante establecer tu autoridad sobre él debido a tu unión con Cristo. Puede que el enemigo niegue que Cristo tiene autoridad sobre él. Pero si tú conoces la Palabra y la citas, estableciendo la autoridad de Cristo, siempre podrás obligarle a admitir que Cristo tiene autoridad sobre todos los principados y potestades (Efesios 1:19-22; Filipenses 2:9-11).

LA PERSONA DEL ESPÍRITU

No debemos dejar de reconocer que detrás de "la espada del

Espíritu" se encuentra una Persona, el Espíritu Santo. Él es quien hace que nuestra espada sea eficaz en la batalla.

La experiencia de Pedro en el huerto cuando acudieron los enemigos a prender a Jesús es un ejemplo de un creyente blandiendo la espada que no debe (Juan 18:10). Empleó la espada que no debía y estaba confiando en unas fuerzas equivocadas que no podían ser eficaces en la batalla. El único resultado fue que Malco perdió una oreja. Si nuestro Señor no hubiera estado allí para sanar la oreja de inmediato, no sólo Malco hubiera sufrido el daño, sino que todos los discípulos hubieran sido arrestados, quizá encarcelados, o incluso crucificados con Jesús. Nuestro Señor tiene que rescatarnos cuando blandimos la espada errónea en la batalla espiritual. Posteriormente, aquel mismo hombre, Pedro, blandió la espada del Espíritu en el día de Pentecostés. En lugar de dañar la oreja de nadie, capturó y sanó espiritualmente tres mil "oídos". Tres mil personas respondieron a la Palabra de salvación y fueron bautizados como creyentes.

No podemos emplear con eficacia la Palabra de Dios en batalla a no ser que el Espíritu Santo nos esté controlando. "Mas el fruto del Espíritu es amor, gozo, paz, paciencia, benignidad, bondad, fidelidad, mansedumbre, dominio propio; contra tales cosas no hay ley" (Gálatas 5:22-23). No podemos entablar batallas espirituales de una manera carnal.

En los primeros años de mi ministerio, un miembro de la iglesia que yo pastoreaba era de trato muy difícil. Tenía una lengua muy acerada, era temperamental, y quería dirigirlo todo. A lo largo de los años había ofendido a muchas personas. Hubiera sido cosa bastante fácil expulsarla de la iglesia, como querían hacer algunos de los diáconos. Después de un par de duros encuentros con ella, llegué a pensar yo mismo que no sería una mala idea. Llegué incluso a orar acerca de ello. Después recuerdo que me vino el pensamiento: *Si lo hago, Dios me dará dos más como ella.* Dios la había puesto allí para que yo la amara, nutriera, instruyera, alimentara y condujera, no para echarla. ¡Cuántas veces nos metemos en problemas cuando recurrimos a un método que no es "del Espíritu". Satanás se mueve en tales situaciones incluso cuando pensamos que estamos en lo cierto, y que la otra persona está en un error. Puede que ciertamente la otra persona esté en un gran error, pero nunca haremos el bien de manera carnal.

Tenemos que recordar también que no debemos resistir al Espíritu Santo en una área de la vida mientras que tratamos de emplear la "espada del Espíritu" en otra. Hace varios años, una mujer que estaba sufriendo un severo ataque de los poderes de las tinieblas me vino para recibir consejo. Empleé todos los métodos de guerra que conocía, pero no logré gran mejora. Después de varias semanas de orientación, no podía ver ningún avance. Ella estaba memorizando la Palabra, practicando una agresiva resistencia contra el enemigo, orando oraciones orientadas doctrinalmente, pero parecía que seguía perdiendo la batalla. Finalmente, llegué a la conclusión de que había algo que estaba seriamente mal.

De manera gentil, le pregunté si estaba resistiendo al Espíritu Santo en alguna área. Con la cabeza gacha, me dijo finalmente que tenía un problema con el tabaco. No fumaba intensamente, pero estaba consciente de que era un hábito que no quería someter al Espíritu Santo. Tratamos esta área, y vino una mejora inmediata. La intensidad de la batalla disminuyó, y lo último que supe es que estaba andando erguida en victoria.

Es el Espíritu Santo quien aplica el poder de la "espada" contra nuestro enemigo. Si estamos contristándole o apagando Su obra en nuestras vidas en cualquier área, Satanás estará bien dispuesto a tomar ventaja de esta oportunidad.

Toda victoria espiritual está esencialmente ligada a la Palabra de Dios. Satanás se retira cuando se emplea contra él la Palabra de Dios, la espada del Espíritu.

TOMANDO LA ESPADA

En el nombre del Señor Jesucristo, me asgo de la espada del Espíritu, la Palabra de Dios. Abrazo su inerrante mensaje de verdad y poder. Le pido humildemente al Espíritu Santo que me conduzca a un verdadero entendimiento del mensaje de la Palabra. Concédeme la disciplina y dedicación para memorizar la Palabra y para saturar mi mente con su verdad y poder.

En el nombre del Señor Jesucristo y por el ministerio del Espíritu Santo, concédeme la sabiduría de aplicar siempre la Palabra contra el enemigo. Que pueda usar la Palabra para derrotar a Satanás y para impulsar la causa de Cristo en el mismo reino que Satanás pretende suyo. Amén.

11

La oración total

Orando en todo tiempo con toda oración y súplica en el Espíritu, y velando en ello con toda perseverancia y súplica por todos los santos. (Efesios 6:18)

Este versículo ayuda a comunicar la *total* importancia de la oración para la invencibilidad en hacer la voluntad de Dios. Este concepto de "totalidad" se presenta cuatro veces. La oración no es sencillamente una pieza adicional de la armadura del creyente, sino que tiene la misma importancia que toda la armadura.

Hemos cubierto las cuatro claves de la victoria tal como están establecidas en Efesios 6:10-18. La primera es la posición y relación del creyente con Cristo. "Por lo demás, hermanos míos, fortaleceos en el Señor" (Efesios 6:10*a*). La unión inseparable del creyente con Cristo en toda Su Persona y obra le hace invencible.

La segunda clave es la obra y el ministerio del Espíritu Santo. "Fortaleceos . . . en el poder de su fuerza" (Efesios 6:10*b*). Podemos gozar y experimentar "el poder de su fuerza" sólo en tanto que el Espíritu Santo nos llena y energiza (Hechos 1:8; Efesios 3:16).

La tercera clave es toda la armadura de Dios (Efesios 6:11-17). Al revestirnos cuidadosamente de esta vestimenta espiritual, nos convertimos en formidables oponentes de los poderes de las tinieblas. Hemos considerado de manera cuidadosa cada pieza de la armadura, destacando la importancia de apropiarnos de ella por la fe.

Pero la cuarta clave para la victoria es crítica. Ninguno de nosotros alcanzará el éxito en la guerra espiritual sin oración. En el libro de Efesios, el apóstol Pablo nos llama la atención repetidas veces a la importancia de la oración. En Efesios 1:15-23 Pablo revela la intensidad de sus propias oraciones por los creyentes efesios. Warren Wiersbe señala que en esta oración "no pide a Dios que les dé lo que no tienen, sino que ora que Dios les revele lo que ya poseen."[1]

1. Warren Wiersbe, *Be Rich* (Wheaton, Ill.: Scripture Press, 1976), 30.

En Efesios 3:14-21 Pablo presenta una imagen de sí mismo postrándose en oración delante del Padre celestial. Él ora que los Efesios sean capacitados para hacer la voluntad de Dios. La carga de su oración es que aquellos creyentes pudieran asirse de las "riquezas de su gloria" disponibles en Cristo (Efesios 3:16), que nos son dadas "mucho más abundantemente de lo que pedimos o entendemos" (Efesios 3:20). Por medio de estas riquezas podemos ser energizados por el poder del Espíritu y gozar de "la plenitud de Dios" (Efesios 3:19). La oración es la clave para la *iluminación* y la *capacitación* para gozar de "las riquezas de su gloria", esto es, de la gloria de Dios.

LA PREEMINENCIA DE LA ORACIÓN

En Efesios 6:18, Pablo nos amonesta a orar "en todo tiempo", o en "toda sazón". Esto significa que se ha de orar cuando se tiene deseo, y también cuando no. La preeminencia de la oración ha de quedar profundamente arraigada en nuestras mentes. No hay lugar para una involucración medio desganada, pasiva, cuando se trata de oración guerrera.

A. T. Pierson escribió: "Cada nuevo Pentecostés tiene su período preparatorio de suplemento: de esperar para ser investidos; y a veces el tiempo para esperar ha sido prolongado desde "diez días" a muchas semanas, meses o incluso años; pero nunca ha habido un derramamiento del Espíritu Divino de Dios sin un previo derramamiento del espíritu humano hacia Dios. La vindicación de esta declaración exigiría que siguiéramos toda la historia de las misiones, porque el campo de esta exhibición de poder divino cubre todos los siglos. Pero cada biografía misionera, como la de Elliot[2] y Edwards, Brainerd y Carey, hasta Livingstone y Burns, Hudson Taylor[3] y John E. Clough, nos cuenta la misma historia: la oración ha sido la preparación para cada nuevo triunfo; y de esta manera, si tenemos mayores triunfos y éxitos delante de nosotros, ¡tanto más la ferviente y fiel oración ha de ser sus precursores y heraldos!"[4]

Es imposible insistir suficientemente en el papel de la oración bíblica en la victoria de los creyentes.

---

2. Elliot, Elisabeth, *Portales de Esplendor* (Grand Rapids: Editorial Portavoz, 1985).

3. Taylor, H. y G., *El Secreto Espiritual de Hudson Taylor* (Grand Rapids: Editorial Portavoz, 1988).

4. Charles Cook, ed., *Daily Meditations for Prayer* (Westchester, Il.: Good News Publishers, s/f.), pág. 27.

LA PASIÓN DE LA ORACIÓN

Hemos de orar "con toda oración y súplica". ¿Has pensado alguna vez cuántas diferentes clases de oraciones hay? Hay la oración silenciosa y la audible, la oración incesante y la oración que finaliza, la oración pública y la privada, la oración breve y la extendida, la oración con ayuno y la oración festiva, la oración con la vida de uno, la oración con las palabras de uno, la oración de regocijo y la oración humillada, la oración de acción de gracias y la oración de ruego, la oración doctrinal y la oración emocional, la oración de resistencia al enemigo y la oración de firmeza en el Señor. Hay probablemente otras clases de oración que podríamos considerar, pero la verdad es que todas las clases de oración constituyen parte de nuestra guerra.

En ocasiones es importante simplemente alabar al Señor en oración. Recuerdo una vez cuando un angustiado marido trajo a su mujer, que sufría graves problemas, para que le diera consejo. Se encontraba bajo severo ataques de poderes demoníacos. Aunque ella no sabía donde estaba nuestra casa, los poderes de las tinieblas que le afligían sí la conocían. Al acercarse a nuestra casa, comenzó a chillar sin control, y trató de saltar del automóvil en marcha. Con considerable dificultad, el marido pudo hacerla entrar por nuestra puerta y a una sala privada de consejo. Allí se encontraba como un animal asustado, enjaulado, intentando huir, pero impedida a ello por su marido. Cuando no pude lograr comunicarme con ella, el Espíritu Santo me condujo a alabar al Señor en oración y cántico. Comencé a orar una alabanza doctrinal de alabanza, enumerando los maravillosos atributos de Dios y describiendo lo que significa morar en Cristo. Al principio pareció darse una violenta reacción de los poderes de las tinieblas que la afligían. Pero al proseguir la alabanza, el poder de Satanás quedó quebrantado, y se volvió serena, al asentarse en ella "la paz de Dios".

La resistencia al enemigo en oración es algo que no empleamos con tanta frecuencia como debiéramos. "Pues aunque andamos en la carne, no militamos según la carne; porque las armas de nuestra milicia no son carnales, sino poderosas en Dios para la destrucción de fortalezas" (2 Corintios 10:3-4). Qué reto es este versículo para nosotros: ¡que veamos nuestro "poder divino" para resistir a las estrategias de Satanás! Josué y el pueblo de Israel lograron la misma clase de victoria contra Jericó. Las murallas del enemigo eran tan gruesas y fuertes que no parecía haber forma alguna que Israel pudiera tomar aquella poderosa ciudad. Pero por oración y obediencia a la Palabra del Señor, cayeron las murallas. No echaron ni una sola piedra. Esta es la manera en que tiene lugar la guerra espiritual. Fortificaciones inexpugnables se derrumban como polvo delante del creyente que emplea el poder divino de sus armas para derribar fortalezas. Al igual que Israel, podemos entonces andar a través de las puertas y saquear la tierra del enemigo.

¿Tienes una hora o dos programadas para Dios varias veces a la semana? Martín Lutero lo hacía las primeras dos horas de cada día. Spurgeon tenía sus tiempos en que se encerraba y en que se decía que ni una visita del Rey de Inglaterra podría llevarle a interrumpir su oración.

El término griego traducido "súplica" significa, literalmente, "el carácter de necesidad o de compulsión en oración." Ligarte al Señor con un vínculo así de petición es asegurar la respuesta. Cada oración tiene una respuesta, incluso si es "No" o "Espera".

EL PARACLETO DE LA ORACIÓN

Tenemos que orar "en el Espíritu". Algunos interpretarían esto como significando que hemos de orar en "lenguas". La Biblia muestra que no es así. Las oraciones de Pablo en Efesios 1 y 3 fueron ciertamente "en el Espíritu" y no fueron pronunciadas en "lenguas".

Daré una palabra de advertencia a los que tratan de "orar en lenguas". A los que han compartido sus experiencias conmigo, les pregunto: "¿Has puesto a prueba al espíritu que está detrás de tu 'lengua'?" El Espíritu Santo mismo nos dice que lo hagamos, en 1 Juan 4:1-4. Cuando una persona ora en una "lengua", su propia mente está mayormente en un estado neutro. Sugiero que ordene al espíritu que está detrás de la lengua que responda claramente en su mente: "¿Ha venido Jesucristo en la carne? ¿Es Jesucristo Señor? ¿Honras la sangre de Jesucristo?" Insiste en una respuesta clara y precisa. El Espíritu Santo siempre responderá con un regocijado "¡Sí!" Otro espíritu será evasivo o incluso en ocasiones dará un abierto "¡No!" Es importante evitar ser engañados por un "espíritu mentiroso", para que Satanás no tenga ventaja contra nosotros.

Orar en el Espíritu significa orar en armonía con el Espíritu o bajo el control del Espíritu. Varios pasos prácticos asegurarán que estemos orando en el Espíritu. Primero, hemos de pedir al Espíritu Santo que controle nuestra oración y que nos conduzca a orar en armonía con Su voluntad. Este es uno de los ministerios del Espíritu Santo según Romanos 8:26-27: "Y de igual manera el Espíritu nos ayuda en nuestra debilidad; pues qué hemos de pedir como conviene, no lo sabemos, pero el Espíritu mismo intercede por nosotros con gemidos indecibles. Mas el que escudriña los corazones sabe cuál es la intención del Espíritu, porque conforme a la voluntad de Dios intercede por los santos."

También hemos de rechazar deliberadamente toda oración carnal. Santiago nos advierte: "Pedís, y no recibís, porque pedís mal, para gastar en vuestros deleites" (Santiago 4:3). Es cosa buena decir, cuando uno comienza a orar: "En el nombre del Señor Jesucristo rechazo la involucración de mi vieja naturaleza de pecado en mi oración. Me cuento muerto con Cristo a mi naturaleza de pecado y a su control, y pido al Espíritu Santo que supervise soberanamente las palabras de mi oración."

Una tercera sugerencia es orar en armonía con la verdad de la Palabra. La Palabra de Dios está inspirada por el Espíritu Santo (2 Timoteo 3:16-17). Cuando oramos a Dios Su misma Palabra, podemos estar seguros de que oramos en el Espíritu. La memorización de los Salmos o de otras grandes oraciones de la Biblia es una manera de cerciorarnos de que oramos en el Espíritu. Ciertamente se puede orar en el Espíritu si se ora una oración como la de Pablo por los creyentes en Éfeso en Efesios 3:14-21. Es bueno dominar estos pasajes a fin de conocer cómo orar por uno mismo y por la propia iglesia. Mateo 6:9-13, "la oración del Señor" o Padre Nuestro", puede servir como buena guía para orar en el Espíritu.

Probablemente todos nosotros hemos experimentado tiempos de oración en los que las palabras fluían con facilidad y sentíamos un cálido afecto por Dios. A veces interpretamos estas oraciones como en el Espíritu, mientras que los tiempos difíciles son considerados como no en el Espíritu. Sin embargo, muchas de las oraciones registradas en los Salmos comienzan con el lamento de que Dios parece alejado y callado (véanse los Salmos 28, 55, 102).

Durante varios años sentí barreras y murallas durante tiempos de oración ferviente en el secreto de mi estancia. ¡Cuán feliz estuve al darme cuenta de que tales ocasiones de oración pueden ser también en el Espíritu! La profunda emoción de tales tiempos a menudo nos enseñan más y expresan nuestras necesidades de manera más eficaz que los tiempos de mayor libertad. La oración doctrinal —orar la verdad de Dios a Él mismo— nos ayudará a pasar los tiempos en que parece haber unas barreras que ocultan la faz de Dios de nosotros.

LA PROTECCIÓN DE LA ORACIÓN

"Y velando en ello". Esta frase tiene un tono militar. Comunica gráficamente la idea de un centinela de guardia, vigilando algo que precisa ser protegido. En la guerra espiritual, el creyente tiene que estar de guardia a lo largo de la oración, vigilando sobre sí mismo, su familia, su iglesia, y la obra del Señor.

En el ejército, alguien puesto de centinela está puesto ahí para impedir un ataque por sorpresa de enemigos que no se pueden ver. Cuando todavía vivía, la madre de mi mujer incluía siempre en sus oraciones las palabras: "Protégenos de nuestros peligros y enemigos, visibles e invisibles." Estaba "velando", y cada vez que la oía orar de esta manera, siempre me impresionaba. ¿Quién puede saber qué terribles calamidades son evitadas por el orar velando?

El Señor Jesús empleó esta clase de oración guerrera. Él le dijo a Pedro: "Simón, Simón, he aquí Satanás os ha pedido para zarandearos como a trigo; pero yo he rogado por ti, que tu fe no falte; y tú, una vez vuelto, confirma a tus hermanos" (Lucas 22:31-32). Cristo estaba velando por Pedro y los otros apóstoles. Esta misma clase de oración "de centinela" se evidencia en su oración sumo-sacerdotal de Juan 17.

Me enteré de un misionero que había vuelto a su hogar desde el campo misionero, desalentada y con el corazón partido, cuando dos de sus hijos mayores que asistían a la escuela en los Estados Unidos comenzaron a mostrar señales de seria rebelión contra todo lo que se les había enseñado y profesado creer. Habiendo siempre orado por sus hijos, estaba confundida y sin saber qué hacer. Alguien le dio una copia de *El Adversario*, y aceptó con fervor el reto de la oración guerrera. Posteriormente, me llamó y compartió conmigo que la oración había dado la vuelta de manera dramática a las vidas de sus hijos. Volvió al campo misionero con una nueva consciencia de su responsabilidad de estar alerta y velando por su familia.

Satanás no querría otra cosa que dañarnos. Desearía afligirnos con enfermedad, desgracia o miseria si tuviera una sola oportunidad. Cuando empleemos la oración guerrera protectora, podemos vigilar diversas maneras en que el Señor nos protege.

Un sábado por la mañana, mi mujer y yo estábamos conduciendo a casa en automóviles distintos, volviendo de una reunión matutina de oración en nuestra iglesia. Mientras observaba en mi retrovisor para asegurarme de que mi mujer me estaba siguiendo, llegó a una intersección justo en el momento en que un conductor negligente, que iba demasiado rápido, pasó a toda velocidad, esquivando a duras penas su automóvil. Por un momento pareció seguro que iba a tener lugar un accidente. Pero, mientras miraba todo aquello por mi retrovisor, me invadió una certidumbre tranquilizadora. Aquella misma mañana había velado cuidadosamente sobre toda mi familia en oración guerrera. En respuesta a la oración, había de guardia ángeles guardianes y un Pastor soberano y protector. ¿Fue aquello uno de tantos casi-accidentes? No, estoy seguro de que no.

LA PERSEVERANCIA DE LA ORACIÓN

No hay palabra más importante que la *persistencia* en la oración guerrera. Nos es necesario reafirmar a diario nuestra unión con Cristo, apropiarnos de la obra del Espíritu Santo, ponernos cada pieza de la armadura, y emplear la oración persistente. Podremos ser llamados a emplear muchas veces al día estas piezas en nuestro esfuerzo por ganar la batalla. Tenemos que ser persistentes. No tenemos que relajarnos si las cosas van bien, suponiendo que este fiel guerrear no sea necesario.

Un hombre compartió conmigo su problema con la concupiscencia y la pornografía. Consideramos cuidadosamente los pasos para vencer la concupiscencia de la carne. Primero, hablamos acerca de la necesidad de ser honrados y de admitir ante uno mismo y ante Dios que la vieja naturaleza de pecado estaba operando allí. Luego pasamos a la necesidad de contarnos muertos con Cristo al gobierno y al imperio de aquel pecado (Romanos 6:11). Podemos afirmar por la fe la veracidad de ello, porque es verdad. Somos responsables, pues somos exhortados así: "No reine, pues, el pecado en vuestro cuerpo mortal" (Romanos 6:12). La única manera de conseguirlo es reconocer que hemos sido crucificados con Cristo (Gálatas 2:20). En tercer lugar, vimos la necesidad de pedir que el Espíritu Santo reemplace nuestros deseos carnales, pecaminosos, con el fruto del Espíritu: "Amor, gozo, paz, paciencia, benignidad, bondad, fe, mansedumbre, templanza" (Gálatas 5:22-23).

Pasamos por estos tres pasos hasta que me los pudo repetir, y me prometió emplearlos cada vez que le sobreviniera la tentación.

Pocas semanas después me vino a mi estudio, se hundió en una silla, y gimió acerca de ser derrotado por la concupiscencia de la carne. Le escuché atentamente y con simpatía durante un rato, pero luego le pregunté: "¿Cuáles son los pasos bíblicos para vencer su naturaleza de pecado?" Quedó sin habla. Recordaba que habíamos hablado acerca de esto con anterioridad, pero no podía recordar cuáles eran estos tres pasos.

Volvimos de nuevo sobre aquellos pasos. Le mostré

cuidadosamente que cada uno de aquellos tres pasos es establecido como el camino divino a la victoria sobre la carne. Seguí alentándole hasta que me los pudo volver a repetir. Entonces le dije que hasta que pusiera en práctica de manera coherente aquellos pasos, no podría hacer más por él. Ni Dios mismo podría hacer nada más por él hasta que comenzara a usar lo que ya le había sido provisto.

También hemos de ser *insistentes*. Sería mucho más fácil si nuestro enemigo estuviera dispuesto a admitir que tenemos una total autoridad sobre él porque estamos unidos con Cristo en toda Su victoria. Pero no es esta clase de enemigo. Sólo admite nuestra victoria de mala gana. La mayoría de nosotros hemos visto a un hijo desobediente cediendo de mala gana a la autoridad de su padre. No cede hasta que se ve obligado a ello. Satanás y sus demonios son así. Es por esto que en la guerra nuestra oración tiene que ser insistente en nuestra persistencia. Hay ocasiones en todas nuestras vidas en las que todo parece estar fallando, y en que el enemigo parece estar ganando a cada momento. Es entonces, precisamente, en que hemos de ser más insistentes en que sencillamente no puede ganar.

En Hechos 16, Pablo y Silas tuvieron éxito en echar fuera un demonio de una joven pitonisa. Los que ganaban dinero por sus adivinaciones hicieron arrestar a Pablo y a Silas, los hicieron maltratar, y finalmente los echaron en una mazmorra, aprisionados en cepos. Esto muestra el rechazo de Satanás a admitir que está derrotado. En lugar de sentir compasión de sí mismos y de quejarse de cómo el diablo los estaba maltratando, oraron y cantaron cánticos de victoria. Los otros presos los oyeron a medianoche. Con fe y en la práctica, a pesar de la evidencia externa en contra, siguieron insistiendo en su victoria. De repente, la cárcel tembló, sus cepos cayeron, se abrieron las puertas, y quedó despejado el camino a la libertad. La victoria llegó a tal dimensión que el carcelero y su familia fueron salvados, y las autoridades de la ciudad que los habían maltratado tanto tuvieron que pedir excusas (véase Hechos 16). La verdad ha de ganar. La persistencia afronta todas las pruebas y sigue insistiendo en que el mal ha de ceder a la verdad.

EL PANORAMA DE LA ORACIÓN

La guerra de oración ha de ser "por todos los santos". ¿Acaso esto te quita el aliento, como quitó el mío la primera vez que lo vi? ¡Qué inmenso campo de responsabilidad tenemos en la oración guerrera! Puede contemplarse con una serie de círculos que se van ensanchando más y más hacia fuera. Tu primera responsabilidad es por ti mismo. Cada creyente tiene el cuidado de velar por su propia vida y servicio. El siguiente paso es tu familia. Nadie velará sobre tu familia en oración como tú mismo. Los círculos se extienden entonces a tu iglesia, tu denominación, tus misioneros, y a todo el Cuerpo de Cristo alrededor del mundo. Cristo mandó a los discípulos que testificaran en Jerusalén, Judea, Samaria, y hasta lo último de la tierra. La oración "por todos los santos" alcanza también hasta ahí. Tiene un panorama de responsabilidad que abarca todo el mundo.

Desde que estuve en una misión de predicación en Gran Bretaña en 1964, he sentido una especial responsabilidad de oración por esta nación. Muchas veces, mientras he luchado en oración por los creyentes allí y por avivamiento en Gran Bretaña, el Espíritu Santo ha quebrantado mi corazón en lágrimas por aquella nación. Otros han sentido la misma preocupación por China.

LA PROYECCIÓN DE LA ORACIÓN

En Efesios 6:18 vemos que la oración debería proyectarse para alcanzar a "todos los santos". En los versículos 19 y 20 vemos que la oración guerrera puede ser proyectada de manera específica hacia la efectividad de nuestro ministerio.

Pablo pide a los Efesios: "Orando . . . por mí, a fin que al abrir mi boca me sea dada palabra" (Efesios 6:19). Está diciendo que la oración guerrera de los creyentes de Éfeso puede capacitarle para tener una mayor capacidad para comunicar el evangelio. Cada predicador conoce la veracidad de estas palabras. Todos nosotros hemos tenido la experiencia de estudiar duramente y de prepararnos con diligencia, sólo para tratar de entregar el mensaje, y descubrir que las palabras no salen. Mi mujer ha desarrollado una capacidad de conocer cuándo estoy enfrentándome con tales pruebas. La he visto muchas veces inclinar su cabeza en oración para orar que "sea dada palabra". Y a menudo, en tales ocasiones, las barreras han sido rotas.

Esta clase de oración también da valor para proclamar el evangelio. Pablo dice que sus oraciones por él le capacitarán "para dar a conocer con denuedo el misterio del evangelio" (Efesios 6:19). No sólo tenemos que orar por una predicación sin temor, sino que también hemos de orar por oídos abiertos. La oración afecta de manera directa cómo la gente oye la Palabra. Es por esto que el soporte en oración para campañas de avivamiento puede ayudar a llevar muchas almas a Cristo. Ayuda a eliminar la ceguera espiritual y la sordera que Satanás quiere perpetuar (véase 2 Corintios 4:4). No hay fuerza en las manos del hombre que sea tan poderosa y de tanto alcance como la oración. Una persona de Dios puede literalmente cambiar el mundo por medio de sus oraciones sin abandonar los confines de su propio hogar.

Del diario de David Brainerd nos viene este atisbo: "Por la tarde ciertamente Dios estuvo conmigo. ¡Oh, fue una maravillosa compañía! Dios me capacitó para agonizar de tal manera en oración que quedé empapado de sudor, aunque estaba en la sombra y al fresco. Mi alma fue muy llevada a interceder por el mundo; me aferré a multitudes de almas. Creo que tuve más deseo por los pecadores que por los hijos de Dios, aunque sentí como si pudiera pasarme toda mi vida clamando por ambos. Tuve un gran gozo en la comunión con mi amado Salvador. Creo que nunca en mi vida he sentido tal desapego por este mundo, ni tanta resignación ante Dios por todo. ¡Ah, que siempre viviera para y en mi bendito Dios! Amén."[5]

Estas son las palabras de un hombre que sabía algo de aquel versículo tan total, que es de tan gran alcance como el mismo Dios. Pablo parece dejar el reto abierto de una manera deliberada. Ser capaz de ministrar mediante la oración y tocar la vida de "todos los santos" está más allá de nuestra comprensión. El poder invencible de la oración no conoce límites.

---

5. *Ibid.*, pág. 310.

12

La oración invencible en acción

Mi madre nació en una granja en Iowa poco después que sus padres emigraran de Escocia. Ella sabía lo que era trabajar duro y estirar un escaso sueldo para afrontar las muchas demandas de la vida. Pero la pobreza no embotó su espíritu, y finalmente vinieron mejores tiempos en su vida. Se casó con un próspero joven granjero. Edificó un amplio y nuevo hogar con muchas de las modernas comodidades que otras granjas no tenían. Fueron bendecidos con tres hijos sanos, y esto la mantuvo ocupada pero feliz y útil. La granja iba bien, y el futuro parecía resplandeciente de promesas. Llegó ella a conocer a Cristo como su Salvador, y después de su conversión las bendiciones de Dios parecían no acabar. Todo parecía estar bien en su mundo.

Luego, como una repentina tempestad desatando su furia, le sobrevinieron frustraciones para partirle el corazón. Un dolor se amontonó encima de otro. Durante la Gran Depresión, mi padre perdió una granja, y estuvo en peligro de perder nuestra casa. En medio de la prueba económica, mi madre dio a luz a su primera y única hija, un hermoso bebé con un serio defecto de nacimiento, y que sólo sobrevivió tres días. La querida iglesia donde mi madre había encontrado a Cristo cerró las puertas, y el edificio fue vendido. Entonces la enfermedad añadió a su carga. Su hijo más joven fue de una pulmonía doble a otra, y un día, cuando el médico salía de casa, le dijo: "No aguantará vivo esta noche."

Con el corazón partido, asustada y desesperada, sus abrumadoras necesidades se le vinieron encima. ¿Qué iba a poder hacer? ¿Quién podría ayudarla? No tenía un pastor a quien llamar. Ni siquiera tenía a mano a la familia ni a sus amigos cristianos.

Abrumada, corrió a su dormitorio y cayó sobre sus rodillas. Mi padre se unió a ella en su oración durante un tiempo, pero finalmente le venció el sueño. Ella, no obstante, no podía dormir. Siguió orando, encerrada con Dios durante la mayor parte de la noche. En medio de la oración le vino a la mente un método para tratar la pulmonía de su hijo. Pensó que la idea para el tratamiento provenía del Señor. Lo aplicó, y la vida de su hijo quedó a salvo. Renacieron el valor y la fe en el corazón de ella. Quizá más importante aún, en aquel momento de necesidad aprendió una grandeza de oración que continuó caracterizando su vida hasta el momento de su muerte.

Yo fui el hijo sanado de aquella pulmonía. Tengo muchas hermosas memorias de aquella noble mujer que fue mi madre, pero la memoria más hermosa es la grandeza y el poder de su vida de oración. ¡Cuán afortunada es aquella persona que cuando se ve rodeada por pruebas y cargas abrumadoras, aprende a orar! Yo necesité muchos años para aprenderlo por mí mismo.

APRENDIENDO A ORAR

Cuando comencé la preparación para el ministerio en el Instituto Bíblico Moody de Chicago, una de mis primeras asignaciones fue visitar los domingos el gran Hospital del Condado de Cook. Un grupo de jóvenes nos poníamos a las entradas del hospital, dispuestos a entregar tratados evangelísticos cuando entraban los visitantes. Me disgustaba aquella parte de mi asignación. La gente, con prisas por visitar a sus seres queridos, no parecían estar bien dispuestos a que les detuvieran y dieran un tratado. Algunos los rehusaban. Otros los chafaban y echaban al suelo. Las miradas paralizadoras de menosprecio y los juramentos que mascullaban entre dientes contra mí pronto redujeron a un bonachón muchacho del campo un misionero asustado en busca de escondrijo. Buscaba una columna adecuada, y me escondía detrás de ella, permaneciendo tanto como podía fuera de la línea de tráfico. Esperaba de todo corazón que nadie se me acercara y moviera mi conciencia a darle un tratado.

Un domingo me encontraba en mi escondite favorito, esperando deseoso la hora de ir a los pabellones y visitar a los pacientes. Miré a través del vestíbulo y vi a un hombre negro que estaba dando tratados. Su rostro era radiante. Parecía resplandecer con una luz interior. Su voz era tranquila, pero su tono resonante me alcanzó al otro lado del vestíbulo.

"Dios le bendiga, hermano. Aquí tiene algo para animarle hoy."

"Jesús le ama, amigo."

"¿No es maravilloso saber que hay esperanza más allá de nuestras angustias?"

Mientras daba los tratados y decía palabras amables, algo asombroso sucedía. La gente se detenía. Tomaban los tratados. Algunos caminaban unos pocos pasos, se detenían, y comenzaban a leer. Otros tomaban los tratados y con lo que parecía una reverencia deliberada, se los ponían en el bolsillo o en la bolsa. Me sentí seguro de que tenían la intención de leer el mensaje más tarde. Incluso los que rehusaban los tratados parecían apartarse con una mirada avergonzada. Otros se detenían, y sencillamente le miraban. Parecían cautivados por la irradiación de su amor, detenidos por el resplandor de su bondad.

Se desató mi interés. Supongo que debí quedarme algo aturdido. ¿Cuál era la causa del notable contraste entre la manera en que la gente recibía los tratados de este hombre y los míos? ¿De dónde provenía esta irradiación? ¿Por qué aquella plácida voz tenía un timbre de autoridad tan compulsiva?

Posteriormente me enteré de que aquel hombre tan radiante era el capellán Lilly. Tenía un ministerio a todo tiempo en el hospital, visitando pacientes solitarios y compartiendo Cristo con ellos. Su ministerio de amor incluía un equipo de barbero, para afeitar y cortar cabello, e incluso se ofreció a cortar las uñas de los pacientes que se quedaban muchos meses en el hospital. Sus palabras y actos de amor se combinaban para llevar a muchos a una fe salvadora en Jesucristo. Anhelaba conocer su secreto.

Fue el último domingo de aquella asignación que Dios me dio el privilegio de ver la respuesta. Nuestro director de asignación nos condujo a una visita del hospital. Recuerdo poco de aquella visita excepto el pequeño "agujero en la pared" que era la "oficina" del capellán Lilly. En un rincón se encontraba una gran silla tapizada recubierta con una sábana blanca. Señalando aquella silla, nuestro guía nos dijo: "Esta es la silla-trono del capellán Lilly. Nunca se sienta en ella. Antes de salir a visitar por los pabellones, a menudo pasa horas en oración por sus amigos enfermos y por la bendición de Dios sobre su ministerio."

¡Ahí está!, pensé yo. Inmediatamente supe la explicación de su radiancia y de la diferencia de la reacción de la gente ante él. Era la oración.

Esta fue una de las más grandes lecciones que Dios jamás me enseñó. Sigue permaneciendo en mi alma como una fragancia especial de la gracia. Una cosa siempre marcará a la persona que tiene a la vez poder ante los hombres y para con Dios. Será un hombre que es grande en oración. Cada movimiento significativo para con Dios en las cuestiones espirituales de los hombres irá precedido y acompañado de grandeza de oración. "La oración eficaz del justo puede mucho" (Santiago 5:16).

MOVIENDO A DIOS A ACTUAR

Las grandes oraciones reciben respuesta. A veces todo lo que se precisa para poner en marcha el plan de Dios es una persona. Armin Gesswein relata la historia de un avivamiento que visitó Noruega a principios de la década de 1930 y que persistió hasta la trágica invasión de aquel país por los nazis. Durante una década, el avivamiento se movió en numerosas iglesias. Como resultado, más de 20.000 almas conocieron a Cristo como Salvador y Señor. Fue bajo la predicación de Frank Mangs, un evangelista de Suecia, que se extendió rápidamente el avivamiento por muchas iglesias de Noruega. Predicó durante dos años, apenas si atreviéndose a irse de allí debido a la poderosa manera en que se estaba moviendo el Espíritu de Dios. Incluso después de aquel movimiento inicial, siguió volviendo para predicar, y ningún edificio podía contener a toda la gente que quería oír la Palabra de Dios.

En realidad, la obra de avivamiento había comenzado algún tiempo antes que apareciera Frank Mangs en escena, en la Iglesia Betlehem de Oslo. La reunión de oración de la iglesia había llegado a un punto tan bajo que el pastor Ludvig Johnson estaba pensando en abolirla. Su fiel esposa le alentó diciendo: "Querido, mantendremos la reunión de oración aunque tú y yo seamos los únicos que vamos." Dios honró aquella fe.

Pero el verdadero secreto iba aún más atrás: al sacristán de la iglesia, un hombre muy humilde con fe en el poder invencible de la oración. Ya hacía tiempo que se sentía turbado por la frialdad de la iglesia y por el carácter evidentemente mundano de tantos de sus miembros. Los sermones parecían secos y aburridos. La asistencia menguaba, y el entusiasmo por la oración y por las cosas de Dios estaba en un punto bajo. El sacristán le preguntó a Dios qué podría hacer acerca de ello. Su corazón saltó entusiasmado cuando sintió, por fe, un reto de parte del Señor. Temprano cada mañana, antes de comenzar sus deberes, se dirigía detrás del púlpito. Allí se arrodillaba y rogaba que Dios avivara su corazón, el del pastor, y el de toda la iglesia. Santas lágrimas ungían muchas veces la alfombra al postrar su rostro en una oración dirigida por el Espíritu. Tan seguro estaba este humilde siervo de Dios de que sus oraciones prevalecerían que poco después del año nuevo tomó al pastor asistente, Holm-Glad, al púlpito de la iglesia cuando no había nadie más presente. Señaló a los asientos vacíos de la iglesia, y le dijo: "Habrá un avivamiento aquí este año." Holm-Glad dijo después que casi se rió, porque no parecía haber ninguna señal de nada así. El celador, aunque no le contó el secreto de sus oraciones, le reafirmó su certidumbre de que vendría un avivamiento aquel año.

Pasaron las semanas, luego los meses, y comenzaron a aparecer cambios. El mensaje del pastor comenzó a sonar con una nueva autoridad, y brotaba de un corazón cálido para con Dios. Las reuniones de oración comenzaron a crecer, y multitudes comenzaron a acudir a los servicios. Finalmente, la irrupción del Espíritu de Dios por medio de la predicación de Frank Mangs no sólo tocó aquella iglesia, sino a todo Oslo y a grandes áreas de Noruega.

Un ano después que hubiera sobrevenido el avivamiento, la Iglesia de Betlehem convocó una reunión para celebrar la gran obra de Dios con una comida festiva seguida de un servicio de alabanza. Después del servicio, el sacristán llevó al pastor Holm-Glad al santuario. Con lágrimas humildes le preguntó: "¿Se acuerda usted que le dije que habría un avivamiento aquí?"

"¿Cómo podría olvidarlo?", respondió Holm-Glad.

"Ahora me siento libre de decirle por qué lo sabía —le dijo el sacristán.— Sólo Dios sabe cuántas veces Él cargó mi corazón para que me arrodillara tras el púlpito, orando por un avivamiento. ¡Cuán a menudo lloré amargamente delante del Señor detrás de este púlpito! Hoy estamos celebrando, y Dios ha puesto en mi corazón que se lo cuente."

Me siento agradecido que Dios pusiera una carga en aquel humilde siervo desconocido para que compartiera esta historia. ¡Cuánto más ricos somos al ver el invencible poder de la oración a través de cualquier siervo que ose ver su posición invencible! La gran oración hace que Dios se mueva visiblemente en los asuntos de los hombres.

Hechos 12 registra el arresto y encarcelamiento de Pedro por parte de Herodes. Próximamente había de ser sometido a juicio, y probablemente ejecutado. "Pero la iglesia hacía sin cesar oración a Dios por él" (Hechos 12:5).

Estas oraciones llevaron a Dios a actuar. Un ángel dejó la gloria del cielo para interponerse en los planes del enemigo. Las cadenas que ataban a Pedro a sus guardas cayeron, y la luz del cielo inundó su mazmorra. Envolviéndose Pedro en sus ropas y siguiendo al ángel, los centinelas de la cárcel ni siquiera pudieron verle. Las puertas de hierro, cerradas con llave, parecían cobrar vida y abrirse bajo las órdenes de la realeza del cielo. Desencadenado y libre, Pedro acudió a la reunión de oración, donde los atónitos siervos orantes fueron testigos de una respuesta viviente a sus peticiones. Los movimientos dramáticos y visibles de Dios en respuesta a una gran oración movieron una iglesia y derrotaron al enemigo.

ENTRANDO EN LA CARGA

Un estudio del libro de Nehemías revelará una notable ilustración de la grandeza en la oración. Nehemías estaba en el exilio en Persia y servía como copero del rey. Al oír el relato de un testigo ocular acerca del lamentable estado de Jerusalén, la tragedia de aquella gran ciudad con murallas derribadas y portones quemados le partió el corazón. Los relatos de la gran aflicción de sus hermanos hebreos suscitaron su empatía y movieron su alma. Nehemías estaba viviendo como cautivo en una tierra extraña, pero estaba en mucho mejor posición que aquellos que habían escapado y habían permanecido en Jerusalén. Fue en aquella hora que comenzó a orar. Pasó muchos días en lágrimas, ayuno y oración, lamentándose por las victorias que los enemigos de Dios estaban logrando sobre Jerusalén. El apremio de la necesidad le llevó a una grandeza de oración pocas veces vista entre los hombres.

No hay carencia de necesidades a nuestro alrededor hoy, pero pocos parecen asumir la responsabilidad por ellas que sentía Nehemías. No todos los creyentes parecen tener la capacidad de ver la necesidad. Pero incluso de aquellos que la ven, sólo unos pocos parecen dejar que aquella necesidad los lleve al puesto de la grandeza en oración. Algunos se apartan de la oración, en tales tiempos, pensando: *De todas maneras, ¿para qué? ¿Qué puedo hacer yo acerca de esto?* Pero en los tiempos de una gran necesidad, una acción pronta en fiel oración puede cambiar el curso de los acontecimientos.

A veces no estamos siquiera dispuestos a dedicar tiempo y fuerzas a la oración por nuestras propias cargas. Una mujer me hizo una llamada de larga distancia para pedirme consejo acerca de su batalla contra Satanás. Me insistió en que necesitaba una liberación instantánea. "No quiero practicar toda esta cuestión de la guerra. Quiero que le mande a Satanás que me libre. Quiero acabar de inmediato con esta batalla, como Jesús liberó al hombre de Gadara."

Muchas veces he oído declaraciones similares de parte de los que están guerreando con el reino de Satanás. La gente quiere ser liberada como apretando un botón. Somos producto de nuestra era. En estos tiempos de sopas instantáneas y de páginas impresas en el acto mediante ordenador, no queremos esperar a una respuesta ni llevar una carga, ni siquiera la carga del Señor.

No hay nada malo con tener una carga tan grande que tengamos que expresarnos en lágrimas, ayunos y oración prolongada. Esta carga puede ser una parte vital de vivir el plan de Dios. Cuando experimentes una carga así, es buena cosa recordar las sabias palabras de un anciano pero iletrado hombre de Dios. Cuando le preguntaron cuál era su pasaje favorito de las Escrituras, admitió que lo que más le gustaba eran las palabras "Y aconteció." Cuando le preguntaron por qué eran sus palabras favoritas, contestó: "Bueno, es por esto. Siempre que leo estas benditas palabras "y aconteció", sé que mis cargas y problemas no son para siempre, sino que se dirá un día que acontecieron."

Es evidente que no podríamos siempre llevar en nuestros corazones una carga tan pesada como la de Nehemías. Dios lo sabe, y nos llevará a la victoria a través de todo ello con tiempo suficiente para cumplir Su plan. Las grandes necesidades son dadas para llevar a los cristianos sobre sus rodillas en gran oración, y en último término para traer avance espiritual.

ESPERANDO LA VICTORIA

Una noche, pasadas ya las doce, sonó el timbre de la puerta. Me puse el batín y me apresuré a contestar. Mirando por la mirilla, pude ver a un hombre conocido, descalzo y vestido sólo con pijama en el frío de la noche. Cuando abrí la puerta, casi cayó en mis brazos, rogándome que le ayudase. Lo llevé a una estancia donde pudiéramos hablar, y supe que se sentía bajo ataque de los poderes de las tinieblas. Como profeso cristiano había estado pasando por unas severas pruebas. Aquella noche se había despertado con la horripilante sensación de que algunos poderes malignos estaban tratando de posesionarse de su ser e incluso de darle muerte.

Comencé a orar por él, y mientras yo oraba él quedó posesionado por alguna fuerza convulsiva que parecía literalmente echarlo sobre el suelo. Continué orando, citando la Palabra de Dios y enfocando la victoria de Cristo sobre aquel hombre, mandando a veces a cualesquiera poderes de las tinieblas que le atormentaban que lo dejaran y se fueran a donde Jesucristo les enviare.

Mientras continuaba orando de aquella manera, él comenzó a gesticular amenazadoramente contra mí. Era suficientemente corpulento y fuerte para dominarme, si hubiera querido proseguir con sus amenazas. Seguí mencionando las promesas de la Palabra contra las fuerzas de Satanás. Al acercarse a mí, cité 1 Juan 5:18: "El que es engendrado de Dios, se guarda a sí mismo, y el maligno no le toca" y 1 Juan 3:8: "Para esto apareció el Hijo de Dios, para deshacer las obras del diablo". Varias veces pareció que era echado casi violentamente fuera de mí. Finalmente, se ganó la guerra. Quedó calmado y pudo orar por sí mismo y darle las gracias al Señor por la victoria. Más tarde me dijo que parecía controlado por un poder violento que deseaba intensamente hacerme daño. Pero cada vez que yo dirigía la Palabra de Dios contra el poder de las tinieblas que intentaban controlarle, era como si aquella fuerza violenta fuera rechazada de delante de mí por un poder invencible. La Palabra de Dios es invencible cuando se entiende y aplica de manera correcta.

La oración invencible está centrada en unas grandes expectativas. Nehemías esperaba que Dios tocara de tal manera el corazón de un rey pagano que llegara a mostrarse favorable para reconstruir una ciudad amurallada que había sido destruida por la guerra. Esperaba que Dios inclinara el corazón del rey para que le pusiera a él, un humilde copero, a la cabeza de una gran expedición para volver a Jerusalén para reconstruir las murallas. Nehemías esperaba que los judíos en Jerusalén respondieran y le ayudaran. Esperaba que los enemigos que se opusieran a la tarea fueran derrotados. Esperaba que se restableciera un gobierno en Jerusalén y que se reconstruyera la economía. En pocas palabras, esperaba que Dios cumpliera Su voluntad para Su pueblo.

Y Nehemías cumplió todo lo que esperaba y aún más. Dios siguió agrandando sus expectativas y pasó de victoria en victoria. Las murallas fueron reconstruidas. Los enemigos fueron derrotados. Los portones fueron puestos en su sitio, y se restablecieron el gobierno de la ciudad y el culto. La expectativa confiada es una parte esencial del caminar invencible y victorioso. Como hijos suyos, podemos esperar que Dios cumpla a través de cada uno de nosotros Su voluntad y propósito para nuestras vidas.

OCUPANDO UNA POSICIÓN INEXPUGNABLE

Padre celestial lleno de gracia, escojo verme como Tú me ves en la Persona de tu Hijo, el Señor Jesucristo. Escojo verme como uno que es invenciblemente fuerte y capaz de hacer todo lo que sea tu voluntad para que yo la haga. Rechazo las acusaciones de Satanás de ser desesperadamente débil y derrotado. Acepto mi actual gran necesidad como un llamamiento a una renovada visión de la victoria de mi Señor. Ayúdame a centrar mi atención en la maravillosa majestad, poder y grandeza soberana de mi Padre celestial, que puede hacerlo todo menos fallar. Ayúdame a ver que en mi unión con Cristo soy más que vencedor. Que la carga de mis pruebas se transforme en una expresión de la carga del Señor. Que esta carga sea expresada en lágrimas de preocupación, en tiempos de ayuno y oración. Decido no esquivar la carga que Tú deseas que lleve.

Reconozco, Señor, que es principalmente mi propio pecado y fracaso lo que me ha llevado a esta severa prueba. Siento profundamente mis pecados. [Menciónalos individualmente.] Límpiame en la sangre de mi Salvador. Le retiro a Satanás todo el terreno que le he dado con mis pecados y transgresiones. Con la autoridad de la cruz, reclamo todo este terreno para el Señor Jesucristo.

Amado Señor Jesucristo, Tú has prometido no dejarme ni desampararme nunca. Sé que esto es cierto, y digo libremente: "El Señor es mi ayudador: No temeré." Resisto al diablo y a su reino, firme en la fe. Ordeno a Satanás y a sus demonios que me dejen y vayan a donde los envíe el Señor Jesucristo.

Padre celestial, acepto y escojo gozar de todo lo que esté registrado en el libro de tu voluntad para mí. Gracias que todo lo puedo en Cristo que me fortalece. Haré tu voluntad aceptando mi responsabilidad de ser fuerte. Haré mediante tu poder aquellas cosas que sé que son tu voluntad. [Menciónale cuáles son.]

Gracias, amante Padre celestial, que por medio de mi Señor Jesucristo has oído mi oración, y que me harás andar como uno tan fuerte en el Señor que incluso las más poderosas estrategias de Satanás ya están derrotadas. Así oro en el nombre del Señor Jesucristo y para tu gloria. Amén.

Epílogo:
Nada más que un vencedor

Y a aquel que es poderoso para guardaros sin caída, y presentaros sin mancha delante de su gloria con gran alegría, al único y sabio Dios, nuestro Salvador, sea gloria y majestad, imperio y potencia, ahora y por todos los siglos. Amén. (Judas 24-25)

Y el mismo Dios de paz os santifique por completo; y todo vuestro ser, espíritu, alma y cuerpo, sea guardado irreprensible para la venida de nuestro Señor Jesucristo. Fiel es el que os llama, el cual también lo hará. (1 Tesalonicenses 5:23-24)

Y el Dios de paz que resucitó de los muertos a nuestro Señor Jesucristo, el gran pastor de las ovejas, por la sangre del pacto eterno, os haga aptos en toda obra buena para que hagáis su voluntad, haciendo él en vosotros lo que es agradable delante de él por Jesucristo; al cual sea la gloria por los siglos de los siglos. Amén. (Hebreos 13:20-21)

Y a Aquel que es poderoso para hacer todas las cosas mucho más abundantemente de lo que pedimos o entendemos, según el poder que actúa en nosotros, a él sea gloria en la iglesia en Cristo Jesús por todas las edades, por los siglos de los siglos. Amén. (Efesios 3:20-21)

Cada uno de estos pasajes es lo que la iglesia ha venido en llamar una bendición, la invocación de una bendición. Las bendiciones generalmente contienen recapitulaciones de verdades que tienen el propósito de consolar, asegurar y promover la confianza en los corazones del pueblo de Dios. Las aquí citadas ciertamente lo hacen. Quisiera recomendarlas para que el lector las memorice y medite. Nos aseguran que como posesión de Dios somos destinados a ser vencedores por causa de la victoria que Cristo ha ganado.

Quisiera que esta breve conclusión fuera una especie de bendición para los anteriores capítulos. El mensaje de este libro ha sido un esfuerzo por ayudar al pueblo de Dios a mirar más allá de la actual batalla con todas sus luchas subjetivas. Por medio de la certidumbre de la Palabra de Dios, hemos de fijar nuestra atención en nuestra segura victoria. "¿Qué, pues, diremos a esto? Si Dios es por nosotros, ¿quién contra nosotros? . . . En todas estas cosas somos más que vencedores por medio de aquel que nos amó" (Romanos 8:31, 37). Nuestra batalla con el reino de las tinieblas de Satanás es realmente la batalla del Señor. Es una batalla que Él ya ha ganado. Es una victoria que Él nos capacita para aplicar. Tenemos todo lo que necesitamos para resistir al enemigo en cada ataque que dirija contra nosotros. La aplicación agresiva y diaria de nuestra victoria nos asegura un andar invencible y el cumplimiento de la voluntad de Dios.

En pocos días, nuestra hija Judy vuelve de un año en el extranjero como obrera ayudante misionera. En *El Adversario* cuento la historia de la directa batalla de Judy y de nuestra familia con las tinieblas. Fue necesaria una abierta confrontación con los poderes de las tinieblas para liberarla. Unos diez años han pasado desde aquellos días traumáticos. Se graduó del instituto de bachillerato y del Instituto Bíblico Moody, y ha tenido tiempo para madurar y crecer en la gracia. Sin embargo, estos años no han estado exentos de ataques y luchas contra Satanás. Cada día ha habido necesidad para la guerra espiritual y la aplicación de la victoria. Ha habido tiempos intensos en los que se ha tenido que enfrentar con los esfuerzos del enemigo por entrometerse y gobernar su vida.

Cuento el testimonio de Judy porque quiero destacar de nuevo que la vida victoriosa no viene con una acción "instantánea" de una confrontación y una orden para que el enemigo se vaya. Esto puede ser necesario en tiempos de batalla enconada, pero no acaba la batalla. La guerra espiritual es un andar diario, una práctica consistente, una disposición a resistir cada día que vivamos.

Tengo también que una vida de guerra espiritual victoriosa no garantiza una vida sin dolor ni frustraciones. Contemplada a corto plazo, habrá momentos en los que parezca que nuestro enemigo haya ganado la victoria. Pero esta visión limitada no nos muestra toda la historia. Los años de encarcelamiento de Pablo en Cesarea y Roma deben haber parecido, para los miopes, un triunfo del enemigo. Pero durante aquellos años fueron ganadas algunas de las mayores victorias de Dios. Las cartas de Pablo a los Efesios, Filipenses y Colosenses fueron todas escritas desde la cárcel. Escribió el mensaje de victoria de Efesios 6:10-18, que ha sido compartido a través de los siglos y alrededor del mundo. Retén la visión de ti mismo como nada más que un vencedor.

Otros libros de
EDITORIAL PORTAVOZ

**EL ADVERSARIO: El cristiano frente
a la actividad demoníaca**   Mark I. Bubeck

Da instrucciones prácticas que ayudan a los creyentes a conocer las respuestas bíblicas para manejar al diablo y al poder demoníaco. (2ª edición, 240 páginas.)

CAPACITADO PARA ORIENTAR   Jay E. Adams

Un enfoque bíblico sobre la orientación, con la insistencia de que todos los cristianos pueden llegar a ser consejeros competentes, bien calificados para orientar. (3ª edición, 328 páginas.)

**COMENTARIO BÍBLICO MOODY:
NUEVO TESTAMENTO**   Everett F. Harrison, ed.

Juntamente con resúmenes de cada libro del Nuevo Testamento, este libro es un comentario frase por frase de esta parte de la Biblia. (18ª edición, 576 páginas.)

CÓMO SER FELIZ   Richard DeHaan

Expone la base de una vida feliz y los obstáculos físicos, las emociones, los sentimientos de culpa y la libertad del temor para disfrutarla. (3ª edición, 64 páginas.)

CÓMO VIVIR EN EL PLANO SUPERIOR   Ruth Paxson

Un estudio sobre la naturaleza espiritual y las necesidades del hombre tal como se ve en la persona y obra de Cristo. (3ª edición, 254 páginas.)

¡CUIDADO CON LOS FALACES!   John MacArthur

Un cuidadoso examen de la Epístola de Judas y cómo los engañadores espirituales procuran alejar al creyente de Dios. (102 páginas.)

**EQUILIBRIO EN LA
VIDA CRISTIANA**   Charles C. Ryrie

Un libro provechoso para los que deseen una aplicación práctica de espiritualidad equilibrada en sus vidas. (6ª edición, 208 páginas.)

EL ESPÍRITU SANTO   Charles C. Ryrie

En un cálido estilo personal, el autor ofrece una guía práctica y útil para comprender mejor la persona y obra del Espíritu Santo. (3ª edición, 192 páginas.)

EL HOMBRE ESPIRITUAL   Lewis S. Chafer

Un estudio clásico sobre la doctrina de la espiritualidad: la obra del Espíritu Santo en la vida del creyente. (5ª edición, 176 páginas.)

NO AMÉIS AL MUNDO   T.S. (Watchman) Nee

El autor habla acerca de la influencia que el mundo ejerce sobre el cristiano y, a la vez, el impacto que debiera tener éste sobre el mundo. (4ª edición, 80 páginas.)

PERDONAR PARA SER LIBRE   David Augsburger

Este libro da instrucciones y ejemplos muy prácticos de cómo tener una actitud perdonadora. (7ª edición, 160 páginas.)

SECRETOS DE LA ORACIÓN   F. J. Huegel

La oración ha sido en muchas ocasiones el factor decisivo en las grandes crisis que se han producido en el curso de los sucesos de la historia de las naciones y del ser humano. Este libro clásico sobre la oración muestra las razones para orar y menciona oraciones que han hecho historia. (128 páginas.)

SENTAOS, ANDAD, ESTAD FIRMES   T.S. (Watchman) Nee

Un estudio fresco y vivaz de la Epístola a los Efesios que trata de la posición espiritual, la conducta y la batalla del creyente. (9ª edición, 64 páginas.)

LA VIDA ABUNDANTE   Ray E. Baughman

Doce lecciones ilustradas acerca de cómo encontrar y vivir una vida cristiana, con cuestionario al final de cada capítulo. (8ª edición, 192 páginas.)